U0923234

从零开始学外贸

Learn foreign trade from zero

外贸人维尼 ◎著

中国海关出版社有限公司
·北京·

图书在版编目（CIP）数据

从零开始学外贸/外贸人维尼著．—北京：中国海关出版社有限公司，2019.10

ISBN 978-7-5175-0382-8

Ⅰ.①从…　Ⅱ.①外…　Ⅲ.①对外贸易　Ⅳ.①F75

中国版本图书馆CIP数据核字（2019）第195605号

从零开始学外贸

CONG LING KAISHI XUE WAIMAO

作　　者：外贸人维尼
策划编辑：马　超
责任编辑：叶　芳
责任印制：孙　倩
出版发行：中国海关出版社有限公司
社　　址：北京市朝阳区东四环南路甲1号　　邮政编码：100023
网　　址：www.hgcbs.com.cn
编 辑 部：01065194242－7554（电话）　　01065194234（传真）
发 行 部：01065194222－7540/42/44/45（电话）　　01065194233（传真）
社办书店：01065195616/5127（电话/传真）　　01065194262/63（邮购电话）
印　　刷：北京联兴盛业印刷股份有限公司　　经　　销：新华书店
开　　本：710mm×1000mm　1/16
印　　张：16　　字　　数：250千字
版　　次：2019年10月第1版
印　　次：2024年1月第3次印刷
书　　号：ISBN　978-7-5175-0382-8
定　　价：58.00元

前　言

你是初入职场的外贸新手？还是想要转行做外贸的职场人？无论你属于哪一种，只要你对外贸感兴趣，这本书就是你想要的。

外贸好做吗？工资高吗？现在的外贸环境和以前一样吗？怎样才能快速上手？怎样开发客户？怎样给客户报价？怎样让客户付款？怎样给客户发货？别急，这些问题的答案尽在书中，你可以慢慢体会。

为什么这本书叫《从零开始学外贸》？本书是不是只适合一点外贸基础都没有的人？答案是否定的。这本书适合所有想要学习外贸知识的人，包括正在从事外贸工作，却依然寻不到方向的人。“零”是什么意思？我把它定义为“重新出发”。今日的外贸已不同于往日，我们需要接纳新的知识。如果你是新手，则是从零出发；如果你不是新手，那么学习新知识，也很有必要。

我为什么要写这本书？因为大家需要学习新知识，了解新外贸，建立新思维。那么“我”是谁？有人喊我“维尼老师”“外贸大神”“外贸大咖”，但我更喜欢他们叫我“维尼”或者“维尼姐”，这两个称呼比较亲切。在我看来，我只是一个实实在在的外贸人。我每个星期都会在微信公众号和外贸论坛上分享我的原创文章，其中阅读量超过 10 万的有很多，我的很多粉丝是被我写的文章吸引来的。他们说他们是我的粉丝，但我更愿意称呼他们为“贸友”，即“做外贸的朋友”。“实在”“靠谱”“接地气”“专业”是贸友们给予我的评价，我也一直把这样的风格贯穿在我的每一篇文章中，包括这本书中。

经常有贸友跟我说：“我没有师父带，自己摸索的过程既困难又漫长，难以坚持，也迟迟找不到窍门，不知道该怎么办，希望有人能给我指点一二。”于是我决定写这本书，帮助朋友们更快地掌握外贸知识和学习实用的外贸技巧。

还有一类朋友工作越久越不知道给自己“充电”，他们习惯了以前的工作模式，一旦换了新环境，上手就很慢，似乎和社会脱了轨。如果你也有这样的感受，说明你该“充电”了。给自己一次从“零”开始学习的机会，也许这能帮助你走出窘迫的现状。

也有这样一群朋友，他们是“半路出家”，他们有的是老师，有的是翻译，有的是导游，有的是 IT 工程师，他们问我，“维尼，我想转行做外贸，应该怎么开始？需要学习哪些知识？应该去什么样的公司？”我之前都是这样回答他们的：“你们可以去买些外贸书看。”那么现在我想跟他们说，“想转行做外贸，看我这本书就够了。”

本书采用了“手把手”的教学模式，理论和案例相结合，内容细致，是一本真的能让你从零开始学外贸的书。本书第一章的内容能满足人们对外贸的好奇心，也是新人入门应该了解的外贸知识；第二章到第七章是专业知识，包含最新的外贸思维和外贸技巧；第八章和第九章结合时下热点对外贸形势进行了分析。

本书从开发客户、谈判订单到处理售后等方面，介绍了基础知识，进行了深层次的剖析，能让你系统地、整体性地展开学习。本书是专业的分析和真实的外贸经验总结，能给读者带来实实在在的帮助。

希望大家都能从这本书中找到自己的“新起点”！

外贸人维尼

2019 年 5 月 8 日于深圳

目录

CONTENS

第一章 外贸新手入门

第二章 外贸必备基础知识

第三章 开发客户的方式

第四章 撰写开发信的技巧

第五章 报价技巧

第六章 外贸谈判技巧

第七章 收款方式

第八章 常见风险

第九章 外贸形势浅析

第一章

外贸新手入门

初入外贸职场的朋友，总有很多疑惑和忧虑，

比如不知道自己选的方向是不是正确的，

也不知道外贸这行怎么样。

本章，笔者将对大家最关心的一些问题进行解答。

第一节　评估自己是否适合做外贸

一个人适不适合做外贸，也许没有一个固定的答案，但是把外贸做得不错的人所采用的方法是有迹可循的。我们可以从以下几个方面大致预估自己是否适合做外贸。

一、内向的人适合做外贸吗

国际经济与贸易（简称国贸）专业的毕业生经常问我一个问题："性格内向的人适合做外贸吗？"为什么都这么问？因为很多人认为外贸是一个需要经常与人沟通的工作，适合性格开朗的人。那么性格内向的人适合做外贸吗？

我的回答是：只要你喜欢，你就适合。性格内向或外向并不是选择一项工作的标准。一个女性朋友曾这样跟我说，"我喜欢英语，所以我也喜欢用英语跟外国人沟通，但是我性格有点内向，不知道我适不适合做外贸。"我回答她，"你喜欢就好，没有什么比喜欢更能让你为之努力的。你努力了，做出了成绩，还有谁能说你不适合？"

外贸虽然是一个需要频繁与人沟通的工作，但很多时候我们是通过邮件、社交媒体与国内外的客户进行沟通，这并不要求我们一定得能说会道。

内向的人如果想要锻炼自己的社交和思维能力，那么选择外贸绝对可以让自己进步很大。事实证明，有很多人从事了外贸工作以后，性格变得开朗，思维变得活跃。从这些方面来说，外贸工作对于内向的人，反而帮助更大。

二、女性做外贸比男性更有优势吗

大家总是爱问这个问题，在大家的潜意识中，女性做外贸比男性更有优势。笔者问一些男性朋友，“为什么你们觉得女性做外贸更有优势？”一位男性朋友这样说：“我好不容易找到一个中东客户，客户一上来就问我是男的还是女的。我回答是男的，客户立刻说再见，他说喜欢跟女业务员交流。于是我就失去了机会。”这个事情挺好笑的，但是真实，个别国家或地区的客户确实更喜欢女业务员，原因是大部分生意人是男性，异性相吸很正常。这是不是说明男性做外贸没有优势？其实不是，在外贸工作中，男性、女性各有各的优势。

女性做外贸的优势

细心、耐心、柔和、注重情感是女性与生俱来的特性。在外贸工作中，有很多繁杂的事项，细心很重要；要跟很多不同性格的客户沟通，要解决各类问题，耐心也是加分项；另外，很多国外客户都是男性，他们在工作中更喜欢和女业务员交谈。

外贸企业的员工以女性居多。因为对外贸易相对于国内贸易，不需要经常出差，也不用经常应酬，所以，外贸适合喜欢做销售但不喜欢经常应酬的女性。

女性的性格比较坚韧，外贸工作在没有订单时会比较枯燥，但很多女性往往能坚持下来，并且最终实现一个好的结果。

男性做外贸的优势

男性的性格和思维方式都与女性不同，男性更加果断和理性，而且学习能力更强，这些优势尤其体现在市场开发和产品研发方面。所以，我们会发现技术部门几乎都是男性，极少有女性。

很多行业的产品适合男性销售，比如智能监控摄像头这种技术性强的产品，涉及电子控制、加工工艺、机械构造等，女性理解起来比较困难，但是对于男性，这些正是他们擅长的领域。

如果说中东客户喜欢女业务员，那么欧美客户更喜欢男业务员，原因是欧美客户性格豪爽、秉直、简单、直接。

在外贸工作中，女性擅长长期耕耘，而男性喜欢速战速决；女性工作细腻、坚韧，而男性专业、果决，各有所长。另外，能不能在外贸工作中取得成就，还与个人的努力程度和专业能力有关。

三、优秀外贸业务员应该具备的心理素质

在与国外客户打交道的过程中，业务员的道德修养、品行和为人准则等决定着其能否让客户信任。有一句话是这样说的：做销售要先销售自己，再销售产品。那么，一个优秀的业务员应该具备哪些素质？

真诚

诚恳的态度、良好的服务能被客户感知，真诚地对待客户更容易获得客户的信赖。从长远来看，只有真诚才能永葆我们的战斗力。

博学

没有人不喜欢跟博学的人打交道。所以，业务员应该多读书，或者看一些有趣的节目，将从中学到的知识用在销售上。例如《舌尖上的中国》。可能有人会说，这不是美食节目吗？能对我们的业务有帮助吗？其实，不管你看什么书、什么节目，都能增长见识，至少你在接待客户的时候，可以很自信地介绍中国美食，拉近与客户的距离。

勇气

外贸业务是一个孤独又充满挑战的工作，没有勇气就没办法奋勇前行。那些积攒了多年经验的“外贸老手”，偶尔也会产生退缩或放弃的念头，但是，他们在抱怨之后，还是会鼓起勇气继续前行。

勤勉

勤勉的人懂得努力、不放弃，有着超越常人的耐力。这些人即使失意或者业绩下滑，也会勇往直前，最后坚持完成任务。

自信

自信是一种无形的力量，业务员的自信可以感染客户。所以，一个业务员如果拥有了自信，就成功了一半。

关心他人

处处你争我夺的人没有办法获得长远利益。每一个成功的业务员都是招人喜欢而且富有同情心的。

精力充沛

没有满腔的激情很难坚持并且做好外贸工作。外贸工作也是体力活，去工厂或者熬夜回复客户，都是在挑战我们的身体极限，所以业务员平时要多运动，保证精力充沛。

第二节　应聘时要有备而来

外贸工作不难找，但是有一定的门槛。业务员首先需要具备一些基本的技能，例如英语，一个不会英语的人，几乎没有机会应聘到外贸工作；其次，要找到适合自己的或者自己喜欢的岗位。

一、哪些证书是大学生进入外贸行业的加分项

曾有国贸专业的学生问笔者：“维尼姐，作为一个国贸专业的准大四学

生，我对外贸感兴趣却不知如何寻找方向。你有什么好的建议？另外，做外贸需要哪些证书呢？”

我也是国贸专业毕业的，我在大学期间对于自己未来的方向也很迷茫，根本不清楚做外贸需要什么证书。现在，我作为一个过来人，可以给即将毕业的国贸、英语等专业的学生以及所有对外贸感兴趣的朋友一些建议。

大学生喜欢考各种各样的证，证书在一定程度上能够代表我们的能力和学识。然而，因为大学生对于就业市场的实际情况缺乏了解，所以考证略显盲目。现在，进入外贸行业，很多证书并不是必需的，企业更看重个人的能力和经验，也就是说没有证书也可以从事外贸工作。当然，拥有这些证书可以给自己加分。

英语证书

大学英语考试（College English Test，CET）分为四级（CET-4）和六级（CET-6）。这两个等级的证书是外贸行业最需要的。其他英语证书，例如专业英语四级、专业英语八级、托福、雅思等，等级越高，含金量越高。在大学期间，个人英语能力的提升对从事外贸工作有很大的帮助。

很多外贸公司最需要的就是英语证书，越大的公司对证书的要求越高。可以说，英语证书是从事外贸工作的基本加分项。

小语种证书

日语、法语、德语、韩语等语言能力对于外贸行业的帮助很大。很多较大的外贸公司都会细分市场，比如，让一部分人负责法国市场，让另一部分人负责韩国市场，因此公司需要会说小语种的人。所谓术业有专攻，会小语种的大学生通常会受大公司的青睐。

语言类证书主要适用于外贸业务员，他们要跟国外客户用外语交流。

全国外贸跟单员证书

全国外贸跟单员证书主要针对“外贸跟单”这项工作。那么外贸跟单员是做什么的？外贸跟单员是指在进出口业务中，在贸易合同签订后，依据合同和相关单证对货物加工、装运、保险、报关、结汇等部分或全部环节进行跟踪或操作，协助履行贸易合同的外贸工作人员。

这个证书用处较小，只有大公司才有跟单员这个职位，大多数小公司并不会进行这样的细分。通常，外贸业务员的工作也包括跟单。

外贸报关相关证书的变化

报关员证书和报检员证书主要针对“报关报检”工作，但需要注意的是，这两个证书已经取消。2013 年 5 月 15 日，国务院办公厅下发《国务院关于取消和下放一批行政审批项目等事项的决定》，取消出入境检验检疫报检员注册；2013 年 10 月 12 日，中华人民共和国海关总署发布公告决定自 2014 年起不再组织报关员资格全国统一考试。另外，2018 年 3 月 17 日，第十三届全国人民代表大会第一次会议通过《关于国务院机构改革方案的决定》，明确将出入境检验检疫管理职责和队伍划入海关总署。“查检合一”之后，企业不再对相关人员的从业设置门槛和准入条件。

那什么是报关人员？报关人员又称企业海关经纪人、企业报关人员。报关人员代表所属企业（单位）向海关办理进出口货物报关纳税等通关手续。

从事报关工作，不需要证书，但是可以参加报关员水平测试，该测试的证书可以作为企业招聘报关从业人员的基本依据之一。涉及报关工作的企业通常为外贸公司或者国际（物流）货运代理公司。货运代理简称货代，是指受企业的委托办理货物运输、报关等工作，把货物从一地运往另一地的企业。

外贸工作需要的证书大致分为以上 4 类。不同的证书对应着不同的工作类型，外贸业务员、外贸跟单员和报关人员、货代的关系，类似于前锋、中锋和后卫的关系，他们形成了一个完整的外贸链条，就像球场上的战将，缺一不可。严格地说，从事外贸工作，证书不是必需的，但拥有以上证书能给自己加分。

二、外贸企业的员工待遇

我们可能经常听人说，外贸企业员工的工资很高，但其实根据工作内容和性质的不同，外贸员工的待遇会有所差别。

外贸业务员

外贸业务员的工资水平不稳定，工资构成是底薪加提成，大部分公司有奖金。据了解，外贸业务员的底薪集中在 2 500 元 ~ 9 000 元，一线城市相对较高。提成因公司而异，通常按总业绩的 1‰ ~ 10% 计算，或是按利润的 10% ~ 20% 计算。业务员是随着经验的增长，工资的涨幅不明显的岗位，其薪资的高低，更多倚靠自身能力，订单越多工资越高。

外贸跟单员

外贸跟单员的工资水平稳定，月薪在 2 500 元 ~ 12 000 元或更高。这是一个随着经验增长可以不断增值的岗位，外贸跟单员的工作年限越长，工资越高。

外贸报关员及货代人员

外贸报关员及货代人员的工资水平有时稳定，有时不稳定，月薪在 2 500 元 ~ 12 000 元或更高。说其稳定是指报关员和货代人员与外贸跟单员很像，他们的工作内容稳定，工资水平也稳定；说其不稳定是指有些公司的报关员和货代人员执行的是底薪加提成的薪酬制度，和业务员的类似。报关员和货代人员在多数情况下会随着其经验的增长而增值，比业务员更加稳定。

三、怎样找到适合自己的外贸公司

外贸公司千姿百态：有成熟的，有刚成立的；有员工只有几个人的，也有员工超过几百人的；有经营一种产品的，也有经营多种产品的。那么，怎样才能找到适合自己的公司呢?

查看招聘信息

在招聘信息中，首先要看公司介绍，从中了解公司的一些情况。很多公司会介绍自己的规模，一般称有上千员工的公司实际上可能只有三四百人，算是比较大的公司，可能有自己的工厂；写着有 10 ~ 20 人的大多是外贸公司。很多外贸公司会介绍自己的业务合作领域很广，客户遍布欧美、南非、中东，看似所有的国家都有他们的客户，让人感觉其很有实力，但其实，这样的描述没有实质意义，外贸公司或工厂的产品几乎都面向全世界，除了少数特殊产品。

其次，要看招聘要求，通常要求越高的公司，福利、制度等越好。要求不高的公司不一定不好，有时候需要看公司经营的产品是什么，比如电子烟。很多公司做平台，不参加展会，所以对口语要求不高。

最后，要看薪资待遇，在这方面描述得越详细的公司越好。“只要肯努力，一年薪资 20 万”的描述是没有意义的，还是要看基本工资和提成制度怎么样。还要关注公司的其他福利，比如节日红包、年终奖等，提供这些的基本是不错的公司。

与面试官交流

在与面试官的交流中可以了解一个公司的情况。在外贸行业，面试官一般都是外贸主管或公司老板，我们可以从以下几个方面了解情况。

观察面试官的态度

面试官如果是严肃认真的，那么，他们公司的工作态度可能比较严谨，公司气氛较为压抑；如果是可敬可亲的，那么，可能其公司发展状况良好，员工相处融洽；如果是散漫随便的，那么，公司的工作氛围可能也是散漫的，至于公司的发展情况则需要继续观察。

询问公司的发展情况

公司的发展历史也比较重要。如果是已经经营了很多年的公司，那么其业务情况是井然有序的、成熟的；如果是刚刚成立的公司，则要考虑公司运营的情况、发展方向以及老板是怎样的人。

了解老板的出身

对于规模较小的公司，我们可以问问老板的出身。小公司的发展倚靠的是老板的能力。询问时应委婉，毕竟老板都高高在上，如果问得很唐突，则会给面试官不好的印象。例如，“我很想知道，您当初选择这行的原因是什么”等，像聊家常一样进行询问。

根据老板的出身，能大致看出公司未来的走向。老板的回答如果是“我是做内贸的，现在招人扩展外贸业务”，那么，这个公司在外贸方面不太成熟，未来发展中的困难会比较多；如果是“我做了十几年外贸，现在希望招人来一起做”，则可以认为，老板经验丰富，跟在他身边能学到不少东西，但可能公司也不完善；如果是“我已经做外贸很多年了，公司成立已有几年，现在希望寻求更多的发展机会”，那么，这个公司要么是因为业务规模扩大而招人，其经营状态良好，要么是止步不前，员工来一批走一批，公司可能有一定的问题。

留意公司的环境

关注地理位置

办公地点在豪华办公楼的公司通常是势头正盛的公司，这样的公司要求不低。在不起眼的旧楼办公的公司，要么是刚起步，要么是经营状况不佳。

观察前台区域

前台区域是公司的门面，给人留下的第一印象很重要。注意观察前台区域的装饰以及前台人员的态度。如果前台人员彬彬有礼，则说明公司的管理很到位。

查看办公区

如果可以看到他们的办公区，则观察一下该公司员工的工作状态，看看是井然有序、认真工作还是嘻嘻哈哈的氛围。如果他们都在全神贯注地工作，那么，公司的气氛一般是积极向上的。

了解公司的口号

很多公司都会在办公室的墙上张贴公司的宗旨、口号或者工作信条之类的，比如“明天的你会感谢今天奋斗的你”，目的是激励员工为公司、为自己奋斗。这样的公司一般都是积极向上的。还有的公司会张贴名人名言，这也体现了他们公司的态度和精神。

通过以上观察，我们能获取很多信息。需要注意的是，面试是双方的，企业在选择我们时，我们也在考量他们，所以要在面试过程中大胆地询问公司的情况，对自己负责。我们要在短短的几十分钟的面试中，尽可能地了解每一家公司的情况，而后做出慎重的选择，否则，选择错了既浪费时间也浪费感情。

第三节　新人有哪些常见的困惑

外贸新人在对外贸工作和外贸环境不熟悉的情况下，常常会有很多疑惑并因此陷入迷茫。在这一节，笔者就新人常见的一些困惑给予解答并提出建议。

一、外贸出口流程是什么样的

从事外贸工作需要知道外贸到底有哪些工作内容、流程。我们可以通过外贸出口流程图（见图 1–1），了解出口贸易的整个流程。

结合图 1–1，我们可以知道，外贸业务员负责前期与国外客户谈判、成交订单，然后进行出口合同的签订及履行；外贸跟单员依据合同和相关单证对货物加工、装运、保险、报关、结汇等部分或全部环节进行跟踪或操作，协助履行贸易合同；外贸报关员基于合同内容对货物进行报关，以确保货物正常运输至国外。

外贸出口流程图
建立商务联系
展会
B2B平台
B2C平台
C2C平台等
电子商务平台
自建网站
谷歌搜索
社交网站
其他联系方式
询盘/发盘
还盘
磋商
接受
签订出口合同
付款方式
前T/T
后T/T
信用证
D/P或D/A
O/A
西联等其他
小额支付方式
发货前收到对
方电汇款
先发货后付款
L/C
审证
信用证有问题要求修改
进口商
修改申请
没问题
开证行
通知行
发出信用证/修改通知书
拿到有效信用证
根据合同生产或采购
按要求包装、贴唛
需商检
无须商检
报检单
出厂检验报告
出口合同
出口商业发票
出口装箱单
商检局
签发检验证书
取得货物通关单，若异
地报关，则需申领换证
凭单，再换通关单
委托货运代理安排货运
填写托运单/订仓单（booking note）
货运代理
租船订仓
船公司出具装货单（shipping order）
安排装柜或送货到指定地点
无纸化报关
登录中国电子口岸签约无纸化
出口商需准备单据资料
报关委托书
出口合同
出口商业发票
出口装箱单
出口货物报关单
海关认为需要的其他单据或证明
（如商检证书、产地证等）
委托货运代理报关
海关放行、取得报关底单
货运代理
船公司
直接给客户MB/L（主提单）或给客户HB/L（分提单）
付款方式
前T/T
后T/T
L/C信用证
D/P或D/A
O/A
西联等其他小
额支付方式
出口商银行收到电汇款
将商业发票交给银行结汇
将商业发票、装箱单、提
单等单据寄给客户清关
将商业发票、装箱单、提
单等单据寄给客户清关
客户提货后付款
将商业发票交给银行结汇
根据信用证的要求提供单据。一般
有发票、装箱单、产地证、许可证、
提单等。开具跟单汇票交议付行
议付行审核通过
要求议付
是
否
议付款垫付货款
将全套单证寄开证行
开证行审核通过
开证行付款给议付行
将全套单证寄开证行
开证行审核通过
开证行付款给议付行
付款
将商业发票、装箱单、产地证、
许可证、提单开具跟单汇票通过
银行发给客户
D/P
D/A
客户付款赎单
客户承兑汇票、银行给单
汇票到期客户付款
银行收到货款
退税
国税局
工厂增值税发票
出口商业发票
报关单
银行水单
其他退税相关资料
单证齐全申报免抵退税
完成

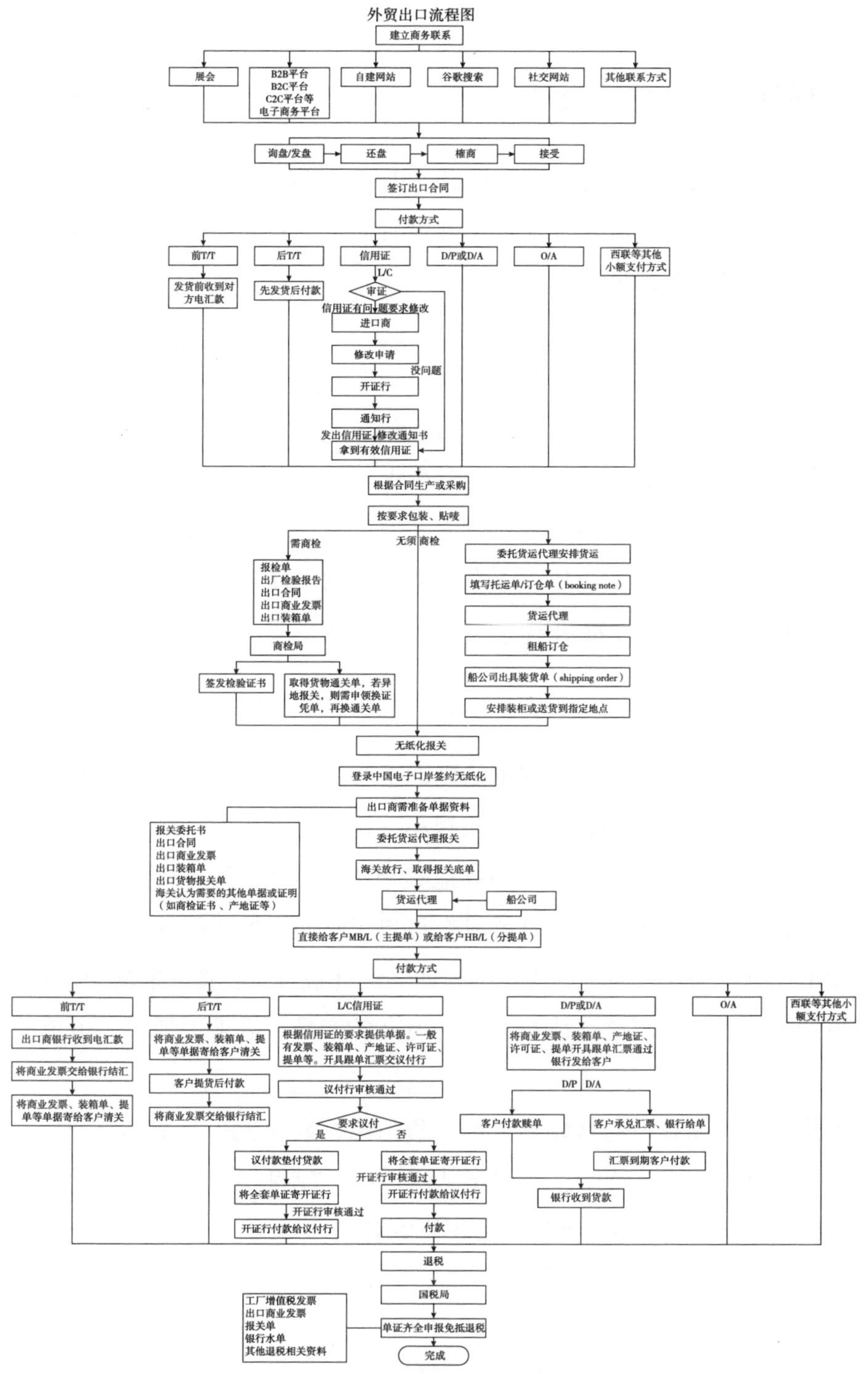

图 1-1 外贸出口流程图

二、做外贸多久能成交订单

所有的外贸新人都很想知道：自己什么时候能出单？成交订单有固定时间吗？有什么固定标准？其实成交订单并没有固定的时间，但是能不能快速成交订单会受到以下因素的影响。

基础知识的掌握程度

毋庸置疑，你身处一个行业，必须先了解这个行业的基础知识。这就是为什么国贸专业的学生会比其他专业的学生上手更快。在招聘外贸员工的时候，大部分公司的要求都是国贸专业优先，但也有很多英语专业或者其他专业的学生能应聘到外贸相关工作。本书希望能帮助不懂外贸的人或者刚刚从事外贸工作的人快速掌握外贸知识。

产品类别

根据公司经营的产品，成交订单的周期会大不相同。体积越大、构造越复杂的产品，成交订单周期越长；体积越小、构造越简单的产品，成交订单的周期越短。比如，一辆挖土机与一双拖鞋相比，显然，挖土机很大，拖鞋很小，那么，卖拖鞋的可能半个月就成交订单了，而卖挖土机的可能需要半年才能卖出一单。为什么呢？因为小的东西，消耗快且价格低，需求更新快，成交订单的速度就快，反之，体积大、货值高的产品，需求更新慢，出单的速度也慢。

并不是说大产品就没有钱赚，大产品货值高，利润也高，是典型的“三年不开张，开张吃三年”的产品，小产品则多是“薄利多销”类型的产品。产品的类别虽然会影响出单的速度，但不影响利润。

公司实力

公司实力是影响出单的重要因素，包括产品质量、服务质量、售后能力等。

国外的客户非常看重产品的质量。所以，如果产品质量能达到客户的要求，我们就可以更快地成交订单。

服务也很重要。服务质量的好坏决定着客户是否能感到自己被重视，好的服务能提高客户对公司的认可度。

售后能力主要指客户购买产品之后，产品出现质量等问题，公司是否可以给客户提供优质的、安心的、快捷的售后服务。售后服务做得越好，客户返单的概率越大。

语言沟通能力

语言沟通能力包括中文和英文（有时还需小语种）沟通能力。外贸企业要面向全世界的客户，如果员工的语言沟通能力不过关，那么我们成交订单就会遇到很大的阻碍。

一般情况下，我们在与国内客户及供应商沟通时都使用中文，所以，员工的中文沟通能力通常没有问题，关键在于英文沟通能力，要求听、说、读、写都要流畅。所以，一些英语证书能帮助我们在面试的时候证明英语水平，比如大学英语四级和六级证书。很多人会问，取得大学英语四级证书的人是不是就比取得大学英语六级证书的人沟通能力差呢？不一定。证书可以作为一个证明，但绝对不是拿来框定一个人沟通能力的唯一标准。

沟通就是与人交流，语言是其桥梁。英语水平高、沟通能力强的人，出单速度更快。

个人悟性和努力程度

外贸工作无一不涉及与人交流，是服务性质的工作。悟性高的人学习知识的能力较强，沟通交流的能力也比较突出，成单的速度自然也更快。

悟性是可以培养的。所谓“熟能生巧”就是指一件事做得次数多了，自然能领悟其中的诀窍。每个人的悟性天生有别，但是后天的努力却是人人都可以做到的。个人的努力程度影响着成交订单的多与少、快与慢。

三、业务员应该从跟单做起吗

我们知道外贸业务员和外贸跟单员是两个不同的工种，待遇也有很大差别。通常做外贸赚钱的是外贸业务员，跟单员的工资是固定的，其工资即使涨也不会产生大的变动。业务员却不同，如果能成交一个几百万、几千万美元的大订单，其一个月的工资会远远超过跟单员。因此，外贸业务员是大家最想尝试的工作。

然而，很多公司会让我们从跟单员做起，理由是让我们先熟悉外贸工作流程再从事外贸业务工作。跟单员的工作是对接业务员签订合同之后的事项，虽然很重要，但我们一定要从跟单做起吗？答案是否定的。跟单、业务本不分家，在大多数情况下，外贸业务员同样可以做跟单工作，如果我们想要当外贸业务员，何需从跟单做起？除非有些公司明确把业务员和跟单员的工作分开，但在通常情况下，业务员的工作包括跟单。

从跟单做起未尝不可，但要到工厂跟单才有意义。工厂的出货流程比较复杂，在工厂跟单能学到很多东西，比如产品制作工序、产品用料以及产品特性。了解这些知识对我们日后从事业务工作有帮助。如果是在外贸公司跟单，每天只是坐在办公室催货、下单采购，得不到多少历练，那么，从跟单员做起就没有多大意义。

四、外贸工厂和贸易公司哪个更有优势

经常有外贸新人问：“是去外贸工厂好还是去贸易公司好？”在回答这个问题之前，我们应该知道外贸工厂和贸易公司都是什么样的，两者有什么区别，分别有什么优势。

外贸工厂的优势

外贸工厂指的是从事出口贸易的工厂，有自己的生产部门和销售部门。

其销售部门负责接收订单，工厂负责生产、交货和售后。

价格有优势

拥有销售部的工厂提供从客户下订单到生产再到售后的“一条龙”服务，减少了中间环节的损耗，可以有效地控制和压缩成本，所以其产品的价格会比较低，具有竞争力。客户喜欢跟工厂合作的原因也是其价格有优势，利润空间大。

沟通效率高

因为外贸工厂既有销售部门又有生产部门，还有售后部门，所以客户不管是谈判订单，还是对产品进行检验都可以在一家公司完成。通常，工厂的回应速度也快，这在很大程度上提高了沟通效率。

售后能力强

客户一旦发现产品有问题，可以马上跟工厂的生产部门对接，要求提供售后服务。无论是产品的维修、改进还是研发，工厂都可以直接对接客户的需求，所以，工厂的售后能力比贸易公司强。

能够接收大订单

工厂具有生产和研发能力，能够接收批发或者经销类型的客户，又有价格优势，容易受到国外大客户的青睐。因此，外贸业务员也容易在工厂接到大订单。

贸易公司的优势

贸易公司指的是从事出口贸易的公司，没有自己的工厂，但有合作的工厂，有一个或者多个供货来源。贸易公司主要负责接收订单，并且履行和完成订单，以及提供售后服务。

产品丰富

一个贸易公司要么代理多个品牌的产品，要么售卖多款产品，客户的选择面广。一些小客户或者零售商客户，订购的产品量小且杂，而工厂一般都有起定量要求，所以这些客户更愿意与贸易公司合作。

供货速度快

工厂对贸易公司有起定量要求，贸易公司一般从工厂进货后，会将产品放在自己的仓库里慢慢消化。客户着急要货时，如果去找工厂，那么，工厂一般是在客户下单后才安排生产，供货时间很长，而且会因为各种不可控因素拖延交货期，让客户很头疼。所以，一些客户有时候愿意在价格稍高但能及时供货的贸易公司购买产品。

注重服务

我们知道，价格不是成交订单的决定因素，很多做得不错的贸易公司都得益于服务周到、信誉佳。贸易公司其实是客户与工厂之间的桥梁，优秀的贸易公司能很好地处理工厂和客户之间的关系，比如，一个客户每次要货5 000套而且要求5天交货，而工厂排订单生产至少需要10天，有经验的贸易公司往往会安排工厂先做2 000套，等客户下单后再生产剩余的3 000套。贸易公司会巧妙地处理好工厂与客户之间的关系，虽然有时候会产生不可避免的损失，但只要处理得当，贸易公司就可以发展壮大。

应变能力强

一个工厂一般只生产某一类产品，若产品出了问题，则需要自己花时间去处理，而贸易公司只需要换家工厂就能解决这个问题，在操作上更加灵活，工厂的问题不会对贸易公司产生致命的影响。因为贸易公司是一个独立的个体，所以很多客户喜欢找贸易公司长期合作，让其帮忙联系工厂生产，把它当成客户在中国的办事处。这样的模式也是贸易公司能长久发展的一个原因。

五、工贸一体公司适合外贸新人吗

很多外贸新人或者毕业生初出茅庐，没有方向，不知道什么样的工作最适合自己。外贸公司大致分为外贸工厂和贸易公司，还可以再细分成多种模式：工厂、贸易公司、工贸一体公司、创业型贸易公司。虽说外贸工厂和贸易公司都各有优势，但是选择哪种模式的公司对外贸新人更有帮助呢？笔者认为工贸一体公司是最适合外贸新人学习和锻炼的地方。

工贸一体公司 VS 工厂

工贸一体公司指的是工厂和贸易合为一体的公司，产品从生产到销售再到出货和售后是一个完整的链条。如果你面临的选择是工贸一体公司和纯工厂，那么，请选工贸一体公司。为什么？工贸一体公司通常是一边搞生产，一边搞销售；工厂是靠技术和产品质量赢得市场和订单的，而不是靠销售，工厂哪怕有销售岗位，销售人员的工作也只是“跟单”。外贸业务员如果只知道产品是怎么生产的，却不知道怎么将其销售出去，是不行的。所以，外贸新人在外贸工厂得不到很好的锻炼。

工贸一体公司 VS 贸易公司

如果你面临的选择是工贸一体公司和贸易公司，那么，请选工贸一体公司。为什么？作为一个销售人员，了解产品是非常有利于销售产品的。产品是怎么生产的、构造是什么样的、使用了什么材料、采用了哪些技术等，只有在工厂才能学到，只有对自己的产品有充分了解的业务员才能够成为“专业的销售人员”。所以，工贸一体的公司在让员工了解产品和学习贸易流程方面的优势，是贸易公司没法比拟的。对于外贸新人来说，了解整个贸易流程更为重要。

有个外贸新人一毕业就在贸易公司上班，他跟我说，“我们公司的产品很杂，我不知道公司的产品是从哪儿来的，也不知道从哪里要图片。我看不到产品，也不知道怎么上传产品。”这种情况很可怕。一个销售人员居然不知道产品是从哪儿来的、长什么样，更不要说销售了。很多业务员都有这样的迷茫，尤其是外贸新人。

外贸新人既要清楚产品是怎么来的，也要知道怎么将其销售出去。所以，工贸一体公司更适合“白纸”一样的外贸新人。

工贸一体公司 VS 创业公司

创业公司指的是刚刚成立的团队，多半是贸易公司，极少数创业者会有强大的资金建设工厂。如果你面临着工贸一体公司和创业公司的选择，那么，请选工贸一体公司。为什么？因为创业公司有很多问题都在摸索和完善，公司从稚嫩发展到成熟需要时间。一家公司没有三五年的积淀不能算成熟的公司，有的公司由于经营不佳，在创业过程中就会夭折。

外贸新人进入创业公司比较不利。其原因是：第一，个人成长缓慢，在成熟的工贸一体公司一年增长的经验，在创业公司可能需要三五年才能实现；第二，承担的风险太多，由于创业公司自身的不成熟，因此其无法为业务员提供成熟的指导，解决不了的问题会很多，员工需要承担的风险和责任必然也多。

工贸一体公司结合了工厂和贸易公司的工作，整体来看工作内容更加完整，也更加锻炼人。所以，刚毕业或者刚刚步入外贸行业的新人可以选择工贸一体的公司作为起点。

第二章

外贸必备基础知识

有一个问题很多人都想知道答案，那就是：
如何才算真正地进入外贸行业？有人说，
我参与了外贸工作就已经入行了，其实不然。
入行需要学习很多东西，
这一章就让我们看看外贸入行需要具备哪些基础知识。

第一节 如何选择和熟悉产品

俗话说“巧妇难为无米之炊”。所以，即使是巧妇想要煮出美味的饭也要从选择好米开始。外贸的“米”就是产品，选择产品和熟悉产品是外贸业务员入行的第一个考验。

一、如何合理地选择产品

外贸的产品多种多样。一般情况下，业务员根据受众的需求再结合实际情况来选择产品比较合适。由于现在外贸行业竞争激烈，因此我们在选择产品时需要有独特的见解。

产品分类

我们需要知道市场上都有哪些产品，可以借助平台来了解。下面笔者以阿里巴巴国际站做一个示范，如图 2–1 所示。

图 2–1　产品类别

图 2-1 中圈出的一级类别是大类，二级类别是小类。大类主要有 12 个，分别是：

（1）机械、工业零件、工具、设备；

（2）消费型电子产品、家用电器；

（3）汽车、运输系统；

（4）服装、纺织、钟表和配饰；

（5）家居与园艺、建筑、灯具、家具；

（6）美容与个人护理、保健产品；

（7）包装与印刷、服务设备；

（8）电气设备、组件及电信产品；

（9）运动、礼品、玩具；

（10）冶金、化工、塑料、能源；

（11）箱包、鞋类及配件；

（12）餐饮、农业。

图 2-2 是点击“Hand Tools”（手工工具）链接之后的页面，我们能在这样的网站上了解产品。

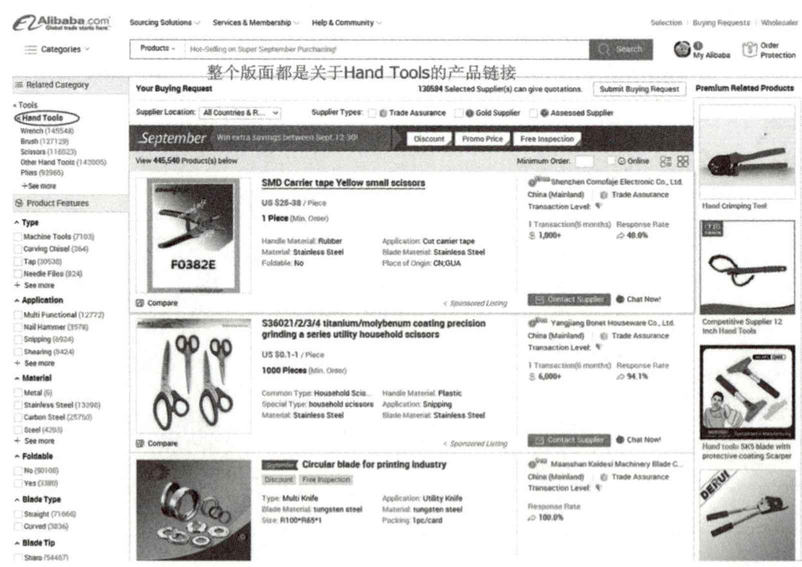

图 2-2　产品信息

每个大类又细分出很多小类，如果想知道更加详细的信息，则可以点击相关链接查看。点开对应的链接可以看到产品的基本信息，包含产品的图片、用途、特性等。

选择产品需要考虑的层面

在对产品分类有了基本的了解后，每个人根据不同的目的、不同的出发点，会有不同层面的考虑。在这方面，外贸新人是比较迷茫的，他们因为没有想法，所以没有局限，选择范围很广。那么，选择产品应该从哪些方面考虑？

人际关系和兴趣

看看身边有没有人接触过外贸，对外贸有没有一定的见解，我们可以通过他们的看法来了解自己想要选择的产品。例如，做手机配件业务的朋友能告诉我们这个领域的业务好做还是不好做。我们可以在与他们交流后，带着疑问在阿里巴巴上查找手机配件的相关产品，分析这些产品的业务为什么好做、为什么不好做，得出一个主观的判断，然后看看自己是否对该产品感兴趣，我们对自己感兴趣的产品通常能更快掌握相关知识。另外，也可以通过百度或者各大外贸论坛了解这个产品的行情，外贸论坛上有外贸前辈撰写的相关帖子，可以供我们参考。比较有名的外贸论坛包括阿里巴巴外贸圈和福步外贸论坛。

地域和优势

由于中国地大物博，因此每个区域侧重的产品不一样。江浙一带的外贸市场集中在义乌、杭州、宁波一带，以五金、工艺品等为主；广东的外贸市场集中在广州、深圳、珠海，侧重于电子产品、高科技产品等；上海地区服装产业较发达；北京侧重机械产品。我们在哪个地区做外贸，就应该选择在当地占优势的产品。我们在最初接触外贸时选择的产品很重要，这在一定程度上影响着我们以后的外贸发展方向，应当慎重选择。

对于有几年经验的外贸人来说，不建议换产品，俗话说“隔行如隔山”，换产品代表着重新开始，一些技术性强的产品需要重新掌握产品知识，会费很多心力和时间。也就是说，如果我们换了产品，前几年积累的产品知识就几乎没用了。所以，换产品要慎重，除非非常不喜欢现在的产品或者找到更想做的产品。可以考虑换一些周期短、技术性不那么强的产品，比如手机配件、电子烟、LED 灯等。这些产品能够让我们在短时间内上手业务。建议在更换产品之前，先做好产品调查，选择发展前景乐观的或者本地的优势产品。

对于想做 B2C（企业对个人）模式的外贸人，选择产品也应该有侧重点。很多做 B2C 的朋友，经营的产品各式各样，有电子产品、假发、礼品、电子烟等。那么，这些产品有哪些共同的注意事项呢?

（1）产品的货值不能太高。以电子烟为例，一支电子烟的货值从几美元到几十美元不等。相对来说价格较低，适合国外的消费者购买。如果货值太高，那么消费者会担心买到假货或者不良产品，会因此进行确认和考虑，将拖长交易的时间，这对于 B2C 模式无疑是不利的。

（2）控制国际运费。因为 B2C 的主要经营模式是零售，所以其量小，要尽量避免承担过高的国际运费。国际运费是根据体积或者重量来核算的，体积小、重量轻的产品更适合经营。

（3）尽量避免售后问题。量小的产品还要因为售后而耗费时间和运费，是万万划不来的。所以，要选择一些基本没有售后之忧的产品，比如手机配件，这种产品坏了的话客户一般会直接换新的，几乎不会拿回来维修。

（4）产品的使用寿命要尽量长。长久的使用会给客户带来好感，会使其对你更加信赖，由此增加更多的订单，比如衣服，一件衣服能穿一年半载，而且穿戴漂亮能给消费者带来愉悦的感受。

（5）产品要有特色。如果我们的产品能满足以上几点，同时还有自己的特色，比如定制礼服或者富有中国特色的饰品等，那么，我们的生意就会更好。

二、怎样更快地熟悉产品

我们在选择产品的时候已经对产品有了初步的了解，但是想做好外贸不仅要了解产品，还要熟悉产品。下面就介绍一些高效熟悉产品的方法。

利用公司的产品价格表和培训机会

每个业务员进入公司后，公司都会给其发放一份产品价格表，上面有详尽的公司产品的信息，包括图片、名称、规格、特点、卖点、价格等。有的公司还会给新员工做产品培训，建议新人勤做笔记、多思考。

利用 B2B 或者 B2C 平台

什么是 B2B（企业对企业）和 B2C 平台？这些平台分别有哪些？这些问题将在本书的第三章第二节进行详细介绍。现以阿里巴巴国际站为例，如图 2-3 所示。

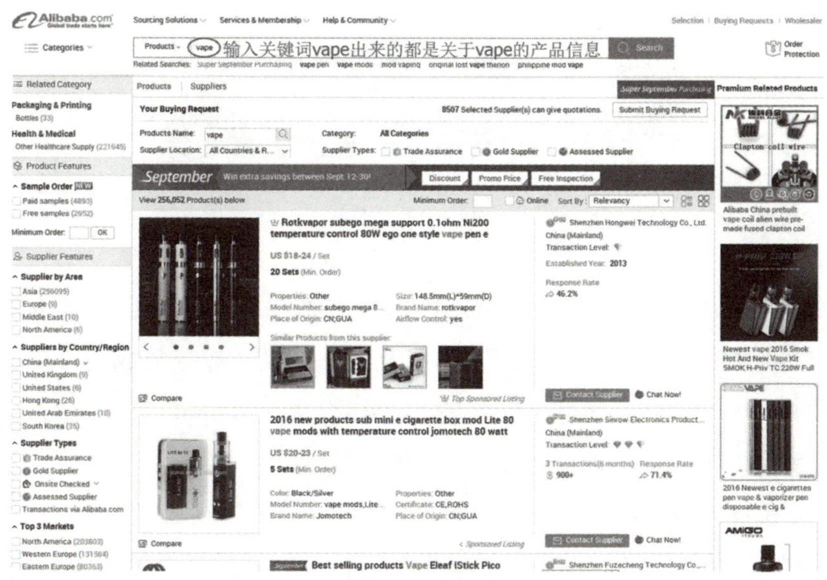

图 2-3 产品相关信息

“vape”是电子烟的关键词，当我们在阿里巴巴国际站网页搜索栏输入这个词的时候，会出现电子烟相关的产品信息。点开具体的链接，可以看到这些产品更详细的信息描述，同时也可以了解同行的动向。作为一个新时代的外贸人，要懂得利用平台搜集信息、熟悉产品。

利用客户网站

通过国外客户的网站查看客户卖什么产品、产品有哪些分类、分类属性是什么，如图 2–4 所示。

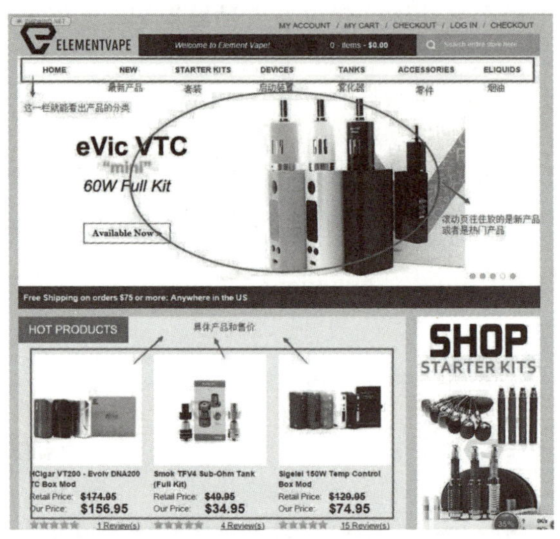

图 2–4　客户网站

图 2–4 是从某个电子烟客户的网站上截的图。从这张图我们能够看到客户的产品分类、最新产品、热销产品以及促销产品。业务员成交订单的关键是找准客户定位。每个国家的市场都不一样，通过分析客户的网站，可以了解客户的需求，这对于我们的业务开展很有益。

利用国外社交网站

我们可以在脸书（Facebook）、领英（LinkedIn）、YouTube（美国视频网站）等国外社交网站上查看国外客户近期在谈论哪些产品，他们谈论的这些产品就是最新或者热门的产品。社交网站上的信息传播和更新速度快，我们往往能捕捉到最前沿的信息。

利用工厂资源

参与工厂产品的生产过程对外贸新人来说也很重要，尤其是技术性很强的产品。例如关于监控摄像头，怎么调焦、怎么组装、怎么实现夜间红外灯的切换等产品功能，若不经过亲身体验，而只是单纯地听工厂师傅讲解，多半还是一知半解。所以，一有条件，外贸业务员就应该参与产品的生产过程，这对掌握产品信息有很大的帮助。

第二节 怎样把握价格行情

如果把外贸比作一个人，把产品质量比作人的躯体，那么价格就是人的灵魂。在国际贸易中，价格有着举足轻重的地位，那么，我们该如何把握产品的价格呢？

一、怎样了解所在公司的产品价格

最直接的了解公司产品价格的方式是查看公司的产品价格表。产品价格表包含公司的定价规则，我们可以先通过它了解公司对产品是怎么定价的。拿到报价单不能简单地看这个产品的价格是多少、外观是什么样的，我们需要进行更多的分析。产品价格表一般会按照新品、畅销品、老产品、库存产品等对产品进行分类。我们可以思考一下，公司分类产品的依据是什么？每一个类别的产品有哪些卖点或者特色、有哪些缺点？这样有助于我们记忆产品及其价格。

二、怎样知晓同行的产品价格

上文提到，我们要学会利用平台获取信息。同理，我们也可以利用平台来了解同行的产品价格，比如在亿贝网（eBay）、阿里巴巴（Alibaba）、环球资源网（Global Sources）、亚马逊（Amazon）、敦煌网（DHgate.com）等 B2B、B2C 平台上查看产品价格。通常来说，B2C 平台上的价格更具有参考价值，这类平台面向的是终端客户，其网站上的价格更贴近真实价格。所以，就算我们是一个初出茅庐的新手，也能对同行的价格以及对自己公司的价格做到心中有数。只有知己知彼才能百战百胜。

三、怎样获悉客户的产品价格

客户的产品价格可以在其产品网站上找到。建议大家对照客户公司的产品价格做一个表格（见表 2–1），内容包括：客户公司名、客户名字、公司网址、客户所在国家、客户邮箱、客户实力评析、经营产品、主品价格等。

表 2–1　客户跟踪表

客户公司名	客户名字	公司网址	国家	客户邮箱	实力评析	经营产品	主品价格
vapeescape	Andy	www. vapeescape. co.uk	英国	revolver @ vapeescape. com	拥有多家分店，大采购商	电子烟	12 ~ 80 美元
ecigsoe	Jeff	www. ecigsoe. com	美国	ecigsoe @ gmail. com	杂货店	电子产品	3 ~ 50 美元

表 2–1 只是一个参考，大家可以根据个人的习惯和要求进行编辑。通常来说，信息记录得越详细越好。把这些信息收集起来，对我们分析客户大有裨益。

第三节　学习外贸英语的两个途径

说到行业英语，大部分人会想到学校里开设的商务英语或者经贸英语课程。其实，课本上的英语在实际工作中使用的比例不大，原因是课本上的英语表达方式陈旧，而且相对死板。外贸是与时俱进的，做外贸需要灵活的思维方式，需要结合实际。外贸英语说白了就是在外贸行业中会用到的英语单词或句子。产品名称是外贸第一行业用语，外贸第二行业用语是形容词或者描述词，我们称之为“关键词”或“行业词”。

关键词顾名思义就是指这个产品的关键描述词。收集关键词是每个在平台工作的业务员应该具备的基本能力。关键词主要是产品发布、客户搜索以及跟客户沟通时所用的词汇。不同的产品有不同的关键词，如果我们不知道产品的关键词，就无法跟客户进行专业的交流。关键词和行业词的重要性可想而知。接下来，笔者将介绍两种重要的收集关键词或行业词的方式。

一、利用平台收集关键词和行业词

借助各类平台，我们能很快地收集关键词和行业词。同样以阿里巴巴网站为例。

从图 2-5 可以看到，在阿里巴巴后台的“数据管家”中有“热门搜索词”，我们在搜索框中输入“vape”（电子烟），会出现一串关于 vape 的延伸词汇，这些就是关键词。需要注意的是，“热门搜索词”是阿里巴巴网站的付费项目，使用免费版无法利用这个方法收集关键词。

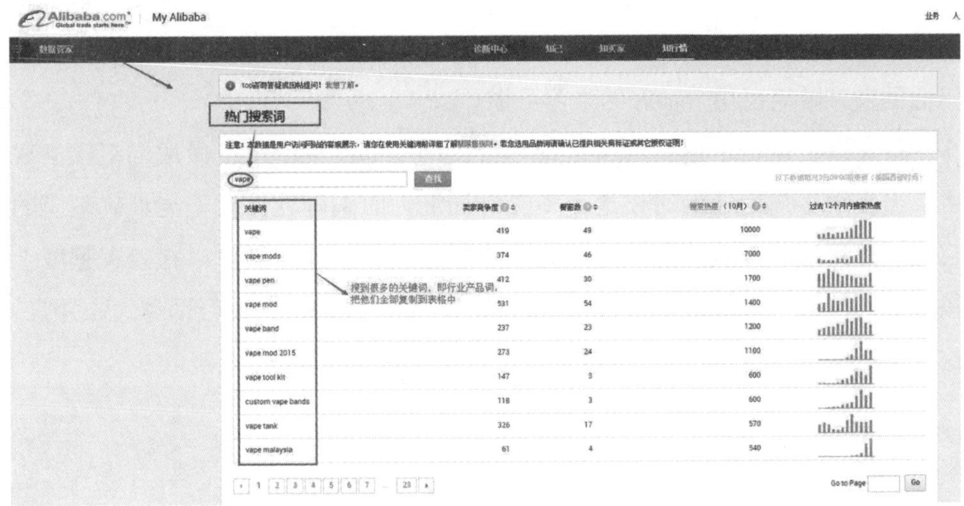

图 2-5　关键词收集

在搜索“vape”出现的产品列表中，点击某个产品的链接，可以看到图 2-6 的内容，其中黑框圈出的内容就是这款产品的参数，也就是行业词。行业词指该行业中用于描述该产品的词。关键词是简短的，行业词有简短的也有比较长的。我们需要把这些词收集起来并消化掉。

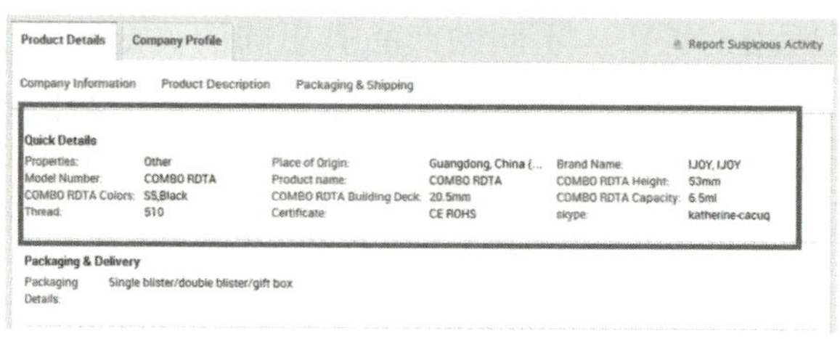

图 2-6 行业词收集

二、利用客户网站收集关键词和行业词

客户网站上的关键词和行业词一般都是根据其所在国或地区的叫法来命名的，与我们国家的说法不太一样。例如，我们用“ecig”表示电子烟，而欧美国家或地区用“vapor”或“vape”来表示。所以，同一个产品可以有多个关键词，需要我们把它们收集起来。需要注意的是，对于一个词的表达方式，不同国家或地区的客户也有差异，我们可以到客户的网站或者社交网站上发掘这些词。另外，平时在与客户沟通的过程中也能发现不少词汇，可以把它们记下来。做笔记是个很好的学习习惯。

将在以上途径中遇到的关键词和行业词全部搜集起来，做成词汇收集表格。当在跟客户沟通的时候遇到不懂的词汇，而翻译软件又不能准确翻译的时候，把词汇收集表格翻出来，将会非常有帮助。这样做可以在较大程度上提高我们与客户沟通的效率。收集的词汇越多，我们得到的帮助越大。并且，这些词汇也可以组合起来，用在发布产品上。

第四节 外贸中涉及的六种付款方式

价格谈拢之后，就到了付款环节。付款环节之所以重要，是因为如果款项出现差错，那么订单就无法继续推进。接下来，让我们看看外贸所用的付款方式有哪些。

一、电汇（Telegraphic Transfer，T/T）

电汇是在外贸交易中很常用的一种付款方式，其特点是收款和付款都很安全。总体来说，国外客户和国内商家都比较乐于接受这种付款方式。

名词解释

电汇是指汇出行应汇款人申请，拍发电传（TELEX）或电讯（SWIFT）给汇入行（其在另一个国家的分行或代理银行），指示解付一定金额给收款人的汇款方式。简单地说，就是国外客户通过他们当地的银行给我们的银行汇款。

使用方式

电汇分为两种，一种叫作前 T/T，另一种叫作后 T/T。

在国际贸易行业，在发货前付清 100% 货款的，被称为前 T/T。前 T/T 是对于卖方而言最安全的付款方式，卖方不需要承担任何风险，收到钱再发货，没收到钱，则不发货。在相当长一段时间，我国企业都将前 T/T 作为国际贸易的支付方式。前 T/T 又有很多种，比如先付 30% ~ 50% 定金，再在出货前付 50% ~ 70% 余款等。具体比例，可以根据不同情况，灵活变通。

随着国际贸易的发展，出现了另外一种电汇方式，即后 T/T。后 T/T 指发货完成后，买家再付清余款的付款方式。一般情况下，后 T/T 是根据提单（B/L）

复印件来支付余款的。后 T/T 也比较灵活，使用比较广泛的方式是，客户先支付 30% 定金，另外 70% 的余款见提单（B/L）复印件付清。当然，也有支付 50% 定金，见提单付 50% 余款的。不管使用哪种方式，业务员都要与客户沟通好。

注意事项

使用电汇的支付方式，银行要收手续费，根据国家、客户的不同，手续费从十几美元到几十美元不等。通常，欧美银行的手续费较少，中东等地银行的手续费较多。这与中转银行的数量有关，中转的银行越多，手续费越多。有些客户比较大方，会自行支付所有的手续费，使收款人到账的金额与货款相比一分钱不少；有些客户比较讲究公平，会先付付款方手续费，相当于承担一半的手续费，剩下的由收款方承担；有些客户比较小气，会从付款金额里扣除所有手续费，那么，最终到我们账上的金额自然就会少于货款。所以，在货款数额小的情况下，可以与客户沟通，让他支付手续费，保证我们收到的金额与形式发票上的一致。同理，中转行越多，花费的时间也越长，通常 2 天～ 10 天较为正常。因此，使用电汇方式付款需要耐心等待。

二、贝宝（PayPal）

贝宝是近几年流行起来的付款方式。其特点是方便、快捷，可以多方面保护买家利益，所以被买家广泛使用。

名词解释

PayPal 在国内被称为贝宝。贝宝账户具有高级管理功能，可以让使用者轻松掌控每一笔交易的详情。

使用方式

付款人或收款人要使用贝宝需要先用邮箱注册一个账户，注册成功后绑定银行卡或者信用卡。当谈妥订单之后，客户通过他的贝宝账户向收款方的贝宝账户汇款，货款可以即时打到收款方的贝宝账户，同时，收款方会收到邮件通知。我们想把账户中的钱取出来时，可以带着身份证去银行办理取款手续。

注意事项

买家使用贝宝付款，无须支付任何手续费，手续费将由卖家承担。贝宝的手续费是阶梯式的，使用美元收款，费率从 3.4% 到 4.4% 不等，另外要加 0.3 美元的固定费用。阶梯费率由卖家的月销售额决定。贝宝比较适合小额收款，手续费是几百美元到几千美元，比起其他的支付方式，要便宜很多。虽然贝宝平台称由卖家承担手续费，但在实际交易中，卖家通常会将手续费转嫁到买家身上。卖家一般会在产品上加价 4.4% 左右。贝宝更倾向于保护买家的权益，买家提出质疑后，卖家账户轻则被短期冻结，重则被永久冻结。卖家取不出账户里的钱，就只能白白亏损。所以，卖家并不是特别喜欢这种付款方式。

三、西联汇款（Western Union）

因为西联汇款使用方便、安全、快捷，而且小额汇款手续费较低，所以在外贸交易中一直被使用。

名词解释

西联汇款是西联国际汇款公司（Western Union）的简称，是世界上领先的特快汇款公司，迄今已有 160 多年的历史。它拥有全球最大、最先进的电子汇兑金融网络，代理网点遍布全球 200 多个国家和地区。西联汇款与中国银联子公司——银联电子支付合作，提供可靠的直接到账汇款服务。

使用方式

买卖双方只要使用支持西联汇款收款或付款的银行账户即可。客户只要通过银行向我们的账户（卖方银行账户的英语名字，例如李小军为“Xiaojun Li”）付款，我们就可以收到货款，从客户汇款到我们收到款项只需要短短几分钟的时间。

注意事项

使用西联汇款时，通常是先付款后发货，保障卖家利益，但是卖家提取货款需要确认号。提款前买家可以随时到银行更改付款信息，卖家提供的收款信息错误会导致不能提款。当信息错误时，卖家可以告知客户修改，修改正确后，卖家就可以取出货款。需要注意一个不常碰到的情况，即所有的信息都正确，但依然取不出货款。这种情况大多是因为收款账户被西联汇款列入了黑名单。这时应该联系西联，提供账户所有者的身份证号或者出生日期以取出货款。

西联汇款的手续费

使用西联汇款收款不需要支付手续费，使用西联汇款寄款则需要支付手续费。西联汇款手续费没有固定标准，根据国家的不同、汇款金额的不同而不同。表 2–2、表 2–3 的资费标准是作者根据官网信息及个人经验整理所得，仅供参考，具体以西联汇款官方回复为准。

表 2–2　西联汇款手续费（非洲地区除外）

发汇金额（美元）	手续费（美元）
500 以下	15.00
500.01~1 000.00	20.00
1 000.01~2 000.00	25.00
2 000.01~5 000.00	30.00
5 000.01~10 000.00	40.00
超过 10 000 美元，每增加 500 美元或其零数，加收 20.00 美元	

表 2-3 西联汇款手续费（非洲地区）

发汇金额（美元）	手续费（美元）
50 以下	13.00
50.01~100.00	14.00
100.01~200.00	21.00
200.01~300.00	27.00
300.01~400.00	32.00
400.01~500.00	37.00
500.01~750.00	42.00
750.01~1 000.00	47.00
1 000.01~1 250.00	55.00
1 250.01~1 500.00	60.00
1 500.01~1 750.00	70.00
1 750.01~2 000.00	75.00
2 000.01~2 500.00	85.00
超过 2 500 美元，每增加 500 美元或其零数，加收 20.00 美元	

除了以上资费，西联汇款还会收取附加服务费。按址投送服务基本收费为 13 美元；电话通知服务基本收费为 3 美元；附言服务最低收费 2 美元，10 个字内按 2 美元收费，超过 10 个字的每个字加收 0.2 美元。

目前，西联汇款美元单笔收汇金额最高为 20 000 美元，欧元单笔收汇金额最高为 20 000 欧元；发往美国部分地区的单笔金额最高为 9 000 美元，发往其他国家或地区的单笔金额最高为 15 000 美元。

如果从国外往中国汇款，每个国家或地区的手续费标准不同，欧美国家或地区的手续费会比同等级的其他国家或地区的高 5 美元 ~ 15 美元。

四、信用证（Letter of Credit，L/C）

上文介绍的电汇、贝宝、西联汇款常用于小额收付款，信用证则用于收付款金额较大时，而且金额不限定上限。信用证具有较好的安全性、公平性和融资性，是国际贸易中最主要、最常用的支付方式。

名词解释

信用证是指开证银行应申请人（进口商）的要求向受益人（出口商）开立的，载有一定金额的、在一定期限内凭符合规定的单据付款的书面保证文件。简单地说，就是买卖双方以银行的信用作为担保达成的合作意愿。

使用方式

在国际贸易活动中，由于买卖双方相互不信任，而且在金额较大的交易中，新老客户都追求安全可靠，因此买卖双方需要找各自的银行作为担保人，代为收款交单，以银行信用代替商业信用。银行在这一活动中所使用的工具就是信用证。信用证的操作流程如图 2-7 所示。

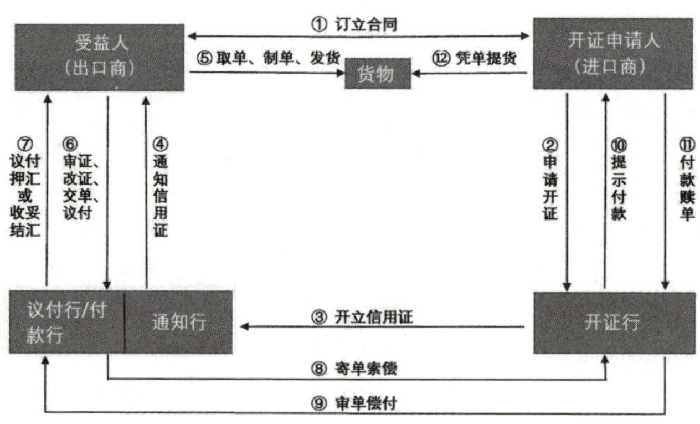

图 2-7 信用证流程

我们设定进口商为 A，出口商为 D，进口商所在地的银行（开证行）为 B，出口商所在地的银行（通知行）为 C，议付行为 E。有时，通知行和议付行是同一家银行。信用证的流程简单来说就是：A 和 D 达成以信用证付款的协议；A 委托 B 给 C 发送信用证，D 按要求发货后找 C 或 E 结汇；在单据相符的情况下，C 或 E 给 D 付款；C 或 E 通知 B，B 找 A 完成付款。也就是说，A 虽然与 D 合作，但双方没有直接的资金交涉，因此没有占用进口商或者出口商的资金，而是利用银行来周转资金，对买卖双方都有利。

注意事项

在实际的国际贸易过程中存在很多信用证诈骗情况，主要诈骗对象是出口商，因此我们要知道如何防范，或者怎样让损失降到最低。

出口商必须考察进口商的资信状况，尽可能地了解进口商是否有实力、信息是否真实。很多时候我们会遇到“空壳公司”，只有全面了解才能避免上当受骗。有条件的话，建议参加广交会或通过实地考察来接触和了解客户，尽量避免与资信不明或资信不好的客户做生意。

通知行应该认真核对开证行开出的信用证，检验信用证的真实性，谨防受骗。同时，还应对开证行的名称、地址和资信情况与银行年鉴进行比较，发现疑点应立即向开证行或代理行查询，以确保来证的真实性、合法性和开证行的可靠性。

出口商也应认真核对信用证内容，避免信用证中出现“软条款”“陷阱条款”和其他不利条款，比如“预付履约金、质保金、佣金和中介费条款”等。一旦发现有此类条款应该快速与进口商联系修改，做好相应的防护措施，避免或降低损失。

五、付款交单（D/P）和承兑交单（D/A）

付款交单（D/P）和承兑交单（D/A）是针对大额交易的付款方式，在国际贸易过程中使用较多。这两者有什么区别和特点？

付款交单（Documents against Payment，D/P）

付款交单指出口商在进口商付款之后交出单据，即出口商将汇票连同货运单据交给银行并委托银行代收货款，指示银行只有在进口商付清货款后，才能交出货运单据。按支付时间的不同，付款交单又分为即期付款交单（D/P sight）和远期付款交单（D/P after sight）。

即期付款交单（D/P sight）指由出口商开具即期汇票，进口商在收到汇票时，只有付清货款才能拿走货运单据。

远期付款交单（D/P after sight）指由进口商开具远期汇票，进口商在汇票到期日或汇票到期之前付清货款拿走货运单据。远期汇票的付款期限通常有“见票 ×× 天后付款”，“提单日 ×× 天后付款”和“出票日 ×× 天后付款”3种，有的国家还有“货到 ×× 天后付款”的方式。不同的规定皆根据与客户协商的结果而定。

承兑交单（Documents against Acceptance，D/A）

承兑交单是指出口商在进口商承兑汇票之后交出单据，即出口商将汇票连同货运单据交给银行并委托银行代收货款，指示银行在进口商承兑汇票之后，交出货运单据。承兑的过程是付款人在汇票上签字，批注“承兑”字样及日期，并将汇票退还持有人。不论汇票经过几度转让，付款人于汇票到期日前都应凭票付款。因此，承兑交单只用于远期汇票。

注意事项

即期付款交单、远期付款交单和承兑交单三者相比，即期付款交单更有利于出口商。然而，在国际贸易中，受限于客户的融资问题，很多出口商也会选择远期付款交单和远期承兑交单的方式。不管采用哪一种付款方式，我们都要对客户的资信作一定的了解和考察，建议将这几种付款方式用于资信较好的老客户。

六、赊销（Open Account，O/A）

赊销、付款交单、承兑交单、信用证都是国际贸易中较常见的结算方式。赊销指卖方允许买方赊账一个季度、半年或一年（一般是 90 天或 180 天），卖方将货物发给买方，买方可先进行销售，在赊账到期日前付款给卖方即可。赊销和付款交单一样，都是基于商业信用的付款方式，若买方的商业信用不佳，卖方则有可能会财货两空。因此，这种付款方式也只建议对可信的老客户使用或者购买出口信用保险作为收款保障。

在赊销结算方式下，有些银行可以给出口商提供融资，预先承担工厂货款，并且可以让保险公司进行担保，但是这并不意味着赊销完全可靠。一旦进口商破产或者由于其他原因不能付款或者延迟付款，保险公司也不可能进行 100% 的赔付。另外，保险公司理赔的过程会非常漫长，需要耗费大量的人力和时间。而且，银行提供的融资是有追索权的，客户没有收到或者没有及时收到货款，银行有权向进口商追索全部货款或者要求保险公司赔付收款金额与货款的差额。因此在使用赊销付款方式的时候，应当考察进口商的资信情况，最好不采用这种付款方式。

第五节　九个必知的货运贸易术语

在国际贸易中，会用到很多贸易术语，了解这些术语会对我们理解贸易流程提供不小的帮助。本书介绍几种常用的货运术语。

一、EXW

EXW 为“Ex Works（... named place）”，即“工厂交货（……指定地点）”，指卖方在其所在地（公司、车间、工厂、仓库等）把备妥的货物交付买方或者运输公司即完成交货。卖方通常不负责将货物装上买方准备的车辆或办理货物结关。买方承担自卖方所在地将货物运至预期目的地的全部费用和风险。EXW 是最常用的国际货运方式，使用这种方式时，卖方承担的压力最小，只需要将货物生产完等快递或者买家上门提货即可。

二、FOB

FOB 是“Free on Board”的英文缩写，意思是“装运港船上交货（……指定装运港）”。使用该术语，卖方应负责办理出口清关手续，在合同规定的装运港和规定的期限内，将货物交到买方指定的船上，货物装上船之前的风险损失由卖方承担，货物装上船之后的风险损失由买方承担。该术语仅适用于海运或内河运输方式。

三、CIF

CIF 是“Cost，Insurance and Freight”的英文缩写，指“成本加保险加运费（……指定目的港）”。使用该术语，卖方必须在合同规定的装运期内在装运港将货物交至运往指定目的港的船上，承担货物交到船上以前的灭失或损坏风险并办理货运保险、支付保险费、租船订舱、支付从装运港到目的港的正常运费。该术语适用于海运和内河运输。

四、FCA

FCA 是“Free Carrier”的英文缩写，含义是“货交承运人”。使用该术语，卖方负责办理货物出口结关手续，在合同约定的时间和地点将货物交由买方指定的承运人处置，及时通知买方，并负担货物交由承运人监管前的一切费用和货物灭失或损坏的风险。

需要说明的是，交货地点的选择对于在该地点装货和卸货的义务会产生影响。若卖方在其所在地交货，则卖方应负责装货；若卖方在任何其他地点交货，卖方不负责卸货，即使货物在卖方的运输工具上，尚未卸货，卖方只要将货物交给买方指定的承运人或其他人或由卖方选定的承运人或其他人处置，交货即算完成。当卖方将货物交给承运人照管，并办理了出口结关手续，就算履行了其交货义务。FCA 适用于各种运输方式，包括公路、铁路、江河、海洋、航空以及多种联运。

五、CPT

CPT 是“Carriage Paid to”的英文缩写，含义为“运费付至……（指定目的地）”。使用该术语，卖方应自费订立运输契约并支付将货物运至目的地的运费。在办理货物出口结关手续后，在约定的时间和指定的装运地点将货物交由承运人处理，并及时通知买方。该术语适用于任何运输方式。

六、CIP

CIP 是“Carriage and Insurance Paid to”的英文缩写，中文含义为“运费、保险费付至……（指定目的地）”。使用该术语，卖方应自费订立运输契约并支付将货物运至目的地的运费，负责办理保险手续并支付保险费。在办理货物出口结关手续后，在指定的装运地点将货物交由承运人照管，以履行其交货义务。该术语适用于任何运输方式，包括多式联运和海运。

七、DAT

DAT 是“Delivered at Terminal”的英文缩写，中文含义为“运输终端交货”。该术语指卖方在指定目的地或目的港的集散站卸货后，将货物交给买方处置即完成交货。卖方应承担将货物运至指定目的地或目的港集散站的一切风险和费用（除进口费用外）。《国际贸易术语解释通则®2010》用 DAT 取代了 DEQ（Delivered EX Quay），即目的港码头交货。该术语适用于任何运输方式。

八、DAP

DAP 是“Delivered at Place”的英文缩写，中文含义为“目的地交货”。该术语指卖方已经用运输工具把货物运送到买方指定的目的地后（目的港船上或码头），将装在运输工具上的货物（无须卸货）交由买方处置，即完成交货。卖方应承担将货物运至指定目的地的一切风险和费用（除进口费用外）。《国际贸易术语解释通则® 2010》用 DAP 取代了 DAF、DES、DDU3 个术语。DAF（Delivered at Frontier）为边境交货，DES（Delivered E× Ship）为目的港船上交货，DDU（Delivered Duty Unpaid）为未完税交货。DAP 适用于任何运输方式。

九、DDP

DDP 是“Delivered Duty Paid（named place of destination）”的英文缩写，中文含义为“完税后交货（……指定目的地）”。该术语指卖方在指定目的地办理完进口清关手续，将在交货运输工具上尚未卸下的货物交与买方，即完成交货。卖方必须承担将货物运至指定目的地的一切风险和费用，包括在需要办理海关手续时在目的地交纳的任何“税费”（交纳手续费、关税、税款和其他费用）。在 EXW 术语下买方承担的责任最大，而在 DDP 术语下卖方承担的责任最大。需要注意的是：若卖方不能直接或间接地取得进口许可证，则不应使用此术语。该术语适用于各种运输方式，但当货物在目的港船上或码头交货时，即无须办理进口事项时，应使用 DAP 术语。

第三章

开发客户的方式

外贸非常重要的一个环节是开发客户。

找到有需求的对口客户，是所有订单的开始。

第一节 八种开发客户的方式

开发客户始终是我们外贸人关注的重点，有客户才会有订单。那么，开发客户有哪些渠道可以入手？这些渠道分别有什么特点？本节将对这些问题进行介绍。

一、平台

电子商务平台目前主要分为 B2B 和 B2C 两种。B2B 平台有阿里巴巴国际站（Alibaba）、环球资源网（Global Sources）、中国制造网（Made-in-China.com）等，B2C 及 C2C（个人对个人）平台有速卖通（AliExpress）、敦煌网（DHgate.com）、亿贝网（eBay）、亚马逊（Amazon）、Wish（一家美国电子商务公司）等。国外客户可以在平台上搜索自己感兴趣的产品，进而找到相应的卖家，发布询盘信息。卖家回复询盘，商榷订单，促成合作。通过平台开发客户是目前外贸行业主流的客户开发方式之一。

通过平台开发客户的优势是省时省力。我们上传产品之后只需要做后续跟进，客源来自平台，只要平台运营得不错，就不缺少订单。通过平台开发客户的劣势是需要资金，最基础的投入在 2 万元人民币左右，需要遵从平台的规则，运营受平台的制约。

通过平台开发客户的方式适合创业者、中小企业、工厂或者 SOHO（居家办公）。

二、展会

展会是为了展示产品和技术、拓展渠道、促进销售、传播品牌而进行的一种宣传活动，能够给买卖双方提供面对面交流的机会。常见的展会有中国进出口商品交易会（China Import and Export Fair），即广交会；香港电子展（Hong Kong Electronics Fair），它由中国香港贸易发展局主办，被认为是全球最大、影响力最广泛的电子展之一。借助展会开发客户也是目前外贸行业主流的客户开发方式之一。

借助展会开发客户的优势在于，一方面能最直观地展示自己，能与客户直接地进行面对面交流，快速了解彼此，增加信任度；另一方面，可以清晰地了解竞争对手的情况。其劣势是需要投入一定的人力、物力、财力，展会需要销售人员，需要布置展位的样品、装饰等，需要购买展位，成本从几千到几万元人民币不等，有的甚至要花费几十万元人民币，位置越好的展位，其价格越高。

借助展会开发客户的方式适合工厂或者中小企业。

三、自建站

自建站就是企业建立的独立网站（分为展示型和销售型）。现在每个公司都有一个自己的网站，但这些网站大多都是展示型的，用于展示公司形象。自建站涉及搜索引擎优化（SEO）、付费点击（CPC，如搜索引擎或者直通车）。

通过自建站开发客户的优势是内容、形式自由，怎么营销全由自己决定，自主发挥的空间大。同时，可以给客户一种比较正式和规范的印象，对于塑造形象和增加信任度有重要作用。其劣势是内容多且复杂，需要长期运营才有成效。自建站如果由企业自己运营，比较省钱，但如果不专业，则很难出效果；如果外包，则省时省力，但需要资金，基础投入为 2 万元人民币左右，而且无法完全掌控自己的网站。

自建站适合创业者、中小企业、工厂、SOHO。

四、谷歌搜索

谷歌搜索是利用谷歌搜索引擎直接搜索目标客户，或者通过谷歌自带的工具来间接查找目标客户。之后，业务员通过搜索到的客户信息，与客户取得联系，进一步进行商务沟通。

通过谷歌搜索开发客户的优势是自主性比较强，不需要投入什么成本，只要能用谷歌搜索即可。这种方法相较于自建站简单很多。其劣势是内容较多，操作方式和效果依靠个人的思维能力，需要长期坚持才有成效。

谷歌搜索的方式适合创业者、中小企业、工厂、SOHO、业务员个人。

五、社交网站

因为互联网发展迅速，并且跟我们的生活联系紧密，所以社交网站渐渐成为外贸人开发客户的主流方式。国外的社交网站有：脸书（Facebook）、推特（Twitter）、领英（LinkedIn）、Pinterest（图片社交分享网站）、汤博乐（Tumblr）、照片墙（Instagram）、VK（欧洲最大的社交网站）等。外贸人可以在这些社交网站上，创建店铺或者成立自己的分享圈，吸引国外客户驻足，与其建立联系，了解彼此，促成合作。

通过社交网站开发客户的优势是内容简单、形式自由，如果自己使用，则不需要投入什么成本，只要能登录社交网站即可。其劣势是如果想把社交网站用好，则需要专业的网络营销技巧。我们可以自己摸索，也可以将社交网站账号外包给营销团队运营，投入资金为 1 万到 3 万元人民币不等。这类开发也需要长期坚持才有效果。

借助社交网站开发客户的方式适合创业者、中小企业、工厂、SOHO、业务员个人。

六、黄页

黄页是国际通用的按企业性质和产品类别编排的工商企业电话号码簿，以刊登企业名称、地址、电话号码为主体内容，相当于一个城市或地区的工商企业“户口簿”，因为国际惯例是用黄色纸张印制，所以其被称为黄页。黄页起源于北美洲，1880 年世界上第一本黄页在美国问世，至今已有 100 多年的历史。黄页上有各行各业的国外买家的公司信息，包括网站、邮箱、电话等，所以，外贸人喜欢在黄页上找客户的联系方式。

通过黄页开发客户的优势是省时省力，黄页上积累了很多客户信息，方便查找。其劣势是内容陈旧，现在很多国外客户已经不使用黄页，很多有效信息很难在黄页上找到。

使用黄页开发客户适合创业者、中小企业、工厂、SOHO、业务员个人。

七、开发信

我们不管从什么渠道得到客户的邮箱，都可以写开发信。简单地说，开发信就是表明自己想与客户建立商务联系的邮件。

通过开发信开发客户的优势是成本低、操作简单。只要开发信的内容写得好，效果就有保障。其劣势是群发开发信的时代已经过去，业务员群发邮件曾引起国外客户的反感，加之邮箱软件对群发邮件的管控也越加严格，而且现在留下有效邮箱的客户越来越少，没有有效邮箱，开发信就没有用武之地，因此使用开发信开发客户的人越来越少。

这种开发方式适合创业者、中小企业、工厂、SOHO、业务员个人。

八、电话沟通

无论从什么渠道得到客户的电话，我们都可以打电话给对方，进行直接的交流。打电话时可以告诉客户我们有什么产品、有哪些优势，表达希望跟客户建立商务联系的意愿。

电话沟通的优势是省时省力，只要英语口头表达能力不错，加之谈判思维灵活，效果就会很好。打电话比发邮件更直接，能够使双方快速了解彼此，增加彼此的信任度。其劣势是大部分业务员的英语口语和听力能力比较薄弱，沟通效果不佳，难以实现开发客户的目的。对于电话沟通这种方式，只要敢于表达，做足准备，努力提升英语口语和听力能力，就能收获不错的效果。

这种开发方式适合创业者、中小企业、工厂、SOHO、业务员个人。

第二节 B2B、B2C、C2C 平台客户开发技巧

电商时代的外贸平台指的是电子商务外贸平台。电子商务平台有3种形式，分别是 B2B、B2C、C2C。本节将介绍一些常见的外贸平台。

一、B2B 平台

什么是 B2B 平台？ B2B 的英文拼写为“Business to Business”，是企业对企业的意思，指买卖双方通过互联网以 B2B 平台为媒介进行信息交换、收集、传递并进行交易的商业模式。通常买卖双方都是企业，它们在平台上进行交易的模式叫作 B2B。那么，常用的 B2B 平台有哪些？

阿里巴巴国际站

阿里巴巴国际站是阿里巴巴集团最先创立的业务部门，是领先的跨界批发贸易平台，服务全球数以百万计的买家和供应商。大小企业都可以通过阿里巴巴国际站，将产品销售到其他国家或地区。

阿里巴巴可以说是全球名气最大的电子商务平台，因为名气很大，使用阿里巴巴国际站的供应商过多，竞争激烈，所以出现了“僧多粥少”的情况。因此，很多人说使用阿里巴巴国际站的效果不好，其实并不是阿里巴巴国际站这个平台不好，而是随着电商的发展，人们越来越意识到互联网的重要性，意识到 B2B 平台的必要性，而阿里巴巴国际站是影响力很广的 B2B 平台，所以难免会出现用户蜂拥而上的局面，这也正体现了“优胜

劣汰”的市场竞争规则。总体来说，阿里巴巴国际站不错，尤其对于小企业来说，当它们没有足够的资金去创建自己的网站时，阿里巴巴国际站是个不错的选择。

环球资源网

环球资源网是一个国际贸易平台，也是大中华地区双边贸易的主要促进者。环球资源网为专业买家提供采购信息，并为供货商提供综合的市场推广服务。

环球资源网相对于阿里巴巴国际站的优势是它的买家质量高。因为环球资源网是一个老牌的 B2B 平台，经营了将近 50 年，所以，在海外建立了比较好的信誉。环球资源网最大的特色是将全球展会、杂志、光盘与网上推广相结合，帮助供应商拓展全球市场。

中国制造网

中国制造网比较务实，优势主要集中在服装、工艺品、交通工具、机械等几个行业。中国制造网虽然在国内知名度远不及阿里巴巴国际站，但在海外买家心中有一定的影响力。中国制造网的海外推广主要通过谷歌等搜索引擎及参加海外展会两种形式进行。

二、B2C、C2C 平台

B2C 的英文拼写为“Business to Consumer”，是企业对个人的意思，C2C 的英文拼写是“Consumer to Consumer ”是个人卖家对个人买家的意思。B2C、C2C 即企业或个人通过互联网为终端消费者提供一个新型的购物环境——网上商店，消费者通过网络完成网上购物、网上支付等消费行为。

亿贝网

eBay 是一个可以让全球用户上网买卖物品的线上拍卖及购物网站，是全球最大的 B2C、C2C 平台。

eBay 较为成熟，对品质要求较高，规则比较偏向买家，卖家在产品、服务、物流等方面如果做得不好，就会很吃亏。有时候，卖家只有好的产品质量还不够，还要有其他竞争力，比如本地化服务（海外仓、本地品牌包装等）。

速卖通

速卖通是阿里巴巴旗下的产品，被广大卖家称为国际版“淘宝”。跟淘宝一样，速卖通的交易过程也是卖家在速卖通平台上传产品信息，国外买家搜索相关信息，并且在平台上完成付款，而后卖家发货。

2018 年之前速卖通对卖家的要求不是很高，平台准入门槛较低，佣金也比其他平台低些。2018 年年初，速卖通开始调整平台政策，其准入门槛变高，个人卖家不能入驻，且更加注重品牌效应。速卖通与阿里巴巴国际站相通，因此很多阿里巴巴国际站的卖家也会经营速卖通。速卖通主要面对终端客户，也就是零售商，所以，我们在阿里巴巴国际站上遇到的很多小客户，都可以在速卖通上达成交易，新客户购买的少量样品也可以在速卖通上完成交易。当然，没有入驻阿里巴巴国际站的卖家也可以使用速卖通售卖产品。

亚马逊

亚马逊是美国最大的电子商务公司，也是最早经营电子商务业务的公司之一。亚马逊及其他销售商为客户提供数百万种独特的全新、翻新及二手商品，如图书、婴幼儿用品、食品、服饰、鞋类和珠宝等。

相比于 eBay 和速卖通，亚马逊对卖家要求高，它以产品为驱动，注重品牌及保护品牌的专利产品。亚马逊曾因为专利纠纷，下架了平台上所有涉及侵权的扭扭车商品，可见亚马逊对于品牌专利的保护力度之强。目前，亚马逊的准入门槛是最高的，要求也更为细致，企业在亚马逊上开展的业务一旦稳定壮大，利润会比较可观。

敦煌网

敦煌网是全球领先的在线外贸交易平台，是首个为中国的中小企业提供面向国外网上交易机会的网站。跟速卖通相似，卖家在敦煌网上传产品信息，国外买家便可以搜索到相关信息，并且在该平台上完成交易。

敦煌网的准入门槛较低，适合小企业或个人经营者。敦煌网更倾向于老商户，商户越老资信越高，排名越靠前，交易量越多，排名越靠前。因此，很多新入驻的商户为了增加在平台上的成交记录，不惜不计利润成交订单，希望先把商铺曝光出去，再考虑盈利问题。熟悉敦煌网的操作规则后，免费会员也能出单。

第三节 如何通过展会开发客户

展会（Exhibition，Trade Fair）是为了展示产品和技术、拓展渠道、促进销售、传播品牌而进行的一种宣传活动。展会早在1895年就已经出现，此后，展会的作用不断被丰富和扩展。目前，展会仍然是外贸开发客户的一个重要方式。

一、展会前的准备工作和注意事项

许多外贸企业都会参加展会，参展需要准备什么？需要注意哪些问题？

展会前的准备工作

展会前准备工作的重中之重是熟悉展会上的产品。每个产品的参数我们都要记牢，并能用英语流畅地表达出来。笔者一般会把展会上所有的产品都打印出来，放在桌边，有空就翻看一下，利用零碎时间记忆。

记牢产品参数之后，要试着用英语表达出来。平常可以对着打印好的产品参数多念几遍，在展会上，敢于表达就成功了一半。网上有一些展会英语口语模板，可以给我们提供参考，比如“How do I address you?”（我怎么称呼您？），“What about the price?”（您对价格有何看法？），“How do you feel like the quality of our products?”（您觉得我们产品的质量怎么样？）。

你如果是外贸新人或者是第一次参加展会，那么最好提前到展位熟悉一下环境。如果需要布置展位，那么你最好参与其中，这对你了解产品有很好的帮助，你即使帮不上忙，在旁边观看也可以。这个过程可以缓解你参展的紧张情绪。

展会上的“望闻问切”

“望”是用眼睛观察，观察每个客户的面部表情和肢体动作，只要发现客户的目光有片刻停留在自己的展位上，就可以主动上前“搭讪”。如果发现客户在同行的展位停留，那么也可以基本判定客户对此类产品有需求，应该上前主动询问。用眼睛捕捉一切有用的信息，有时候能抓到有质量的客户。

“闻”是用耳朵倾听，倾听每个客户的表达，切莫抢话题、不停地说。很多业务员由于紧张或者害怕客户跑掉，因此从介绍公司开始，就抓着客户不停地说，而最后客户只是简单回复一句，“Okay，Thank you”（好的，谢谢）以示拒绝，这时候再想拉住客户，已经不行了。试想一下，我们去商店里买东西，一进门就有服务员上来说这款产品好，那款也不错，你会不会有抵触情绪？我们会说，“好的，我随便看看”，然后转身离开。国外客户也是一样。所以，我们要认真倾听，等客户表述完自己的想法，再从容不迫地阐述我们的观点。

“问”是开口询问。在展会上，要主动出击，比如使用以下语句开启谈话：“Hello，What can I do for you ?”（您好，我能为你做些什么？）；“Are you looking for × × × ?”（您在找 × × × 产品吗？）；“Which size do you prefer to ?”（您喜欢什么尺寸的？）等。当客户简单回答完以上问题，我们就可以继续挖掘其他的有用信息了。当客户显露出购买意愿，可以询问客户要不要坐下来慢慢聊，如果客户愿意坐下来，则说明他下单的可能性很大。这时候，我们就可以递水倒茶、上零食，履行待客之道。

“切”是用心体会，体会客户每一句话的含义，捕捉客户每一个肢体动作传达的信息，并且认真给予回应。在展会上，业务员应该全程面带微笑。我们会发现，大多数客户很享受我们待他们如上宾的感觉，他们会愿意多跟你交流一会儿。交流越多，对我们越有利。

展会上的细节以及注意事项

准备本、笔、订书机

在展会上，我们除了与客户面对面沟通并建立联系之外，另一项重要工作是收集客户的名片，这样做方便我们在展会结束后继续跟进相关客户。我们都知道，在网上搜索客户邮箱比较困难，所以，一定要把握展会这个好机会。

准备自己的名片、公司宣传册，善用二维码

展会上的另一项重要工作是发名片、宣传册。有些客户可能当下没有购买需求，来展会是为了收集供应商的信息，所以，我们可以把名片钉在宣传册上，尽可能多地把我们的资料传播出去。如果是工厂，则可以主动给同行业的外贸公司发名片，寻求合作机会。

不管是在名片、宣传册，还是产品上，都不妨印上我们联系方式的二维码，方便客户添加我们的信息。

展位要吸引人，达成交易要积极联系客户

可以在展位的桌子上摆放一些好玩的、好吃的，吸引客户驻足，以增加我们跟客户沟通的机会。哪怕客户只是与我们交换一下名片，对我们来说也是有意义的。

在展会上达成交易的客户，我们不妨在展会后邀请客户共同用餐，增加彼此的熟悉度和好感度，这对以后的跟进有很大帮助。当然，这需要在公司允许的情况下进行，原因是餐费开销要由公司承担。

一般展会的第二天、第三天是人流量最多的时候，我们要打起精神迎接客户。遇到客流很大应接不暇的情况，我们要做到从容不迫，可以说：“您先看看”“您先坐一下”，招待完一个客户再去跟另一个客户沟通，或者让自己的同事帮忙招待，不能把客户晾在那里，否则对自己以及公司的形象都会有不好的影响。

还有一些同行会伪装成客户来索要样品。他们通常有几个特点，如询问“你们的热销产品有哪些？”“你们的新产品有哪些？”“价格是多少？”，直奔主题的通常是同行。当然，这只是一个参考，现实中需要我们在展会上多观察。

二、展会后的分类跟进

以上讲了展会前的准备工作，下面我们来谈谈展会后如何跟进。我们从展会上回来，揣着厚厚一叠名片和满满一本记录着客户信息的笔记本，那种“宝贝”似的感觉估计每个参加过展会的业务员都会有。那么，如何让这些辛苦收集的资料发挥应有的效用？

我们要将客户进行分类。分类是为了有目的地跟进，跟进的主次和先后顺序要根据客户分类来进行。我们可以将客户分为以下几类。

第一类：成单客户

客户分析

成单客户指在展会上直接签订交易合同或者已经付了定金或全款的客户。这样的客户是展会回来后第一个要联系的。联系的目的是为了顺利完成订单。

跟进邮件模板

Dear ×××,（亲爱的×××，）

Good morning/afternoon/evening.（早上好/下午好/晚上好，注：根据写邮件时对应的客户所在地的时间来写问候语。）

This is Lica from ××× company. We will arrange your order which we made the deal at ××× Fair today. If there is any mater and progress rate that I will tell you.（我是来自×××公司的Lica，在×××展会上成交的订单我们今天将安排下去，有问题和进展我会告诉你。）

And, any questions, please contact me in any time.（你有任何问题，都可以

随时联系我。)

Your partner,(你的合作伙伴,)

Lica(莉卡)

第二类:要样客户

客户分析

要样客户顾名思义就是在展会上买了样品但是还没有签订合同的客户。我们需要知道,为什么客户会在展会上买样品。无外乎两种情况:第一,他们看中了我们公司的产品;第二,他们看中了我们公司的实力。买样品首先是为了试用,测试产品是不是真的符合采购要求;其次是为了对比,对比其他公司的产品,综合考虑后选择合适的供应商。所以,跟进这类客户的目的是吸引他们的注意力。

跟进邮件模板

Dear ×××,(亲爱的×××,)

Hope you well when you get this email.(希望你一切都好。)

This is Lica from ××× company. We met at ××× Fair and you got some samples (Model ×××).(我是来自×××公司的Lica。您在×××展会上购买了我们的样品。注:提醒客户他买过我们的样品,以免客户记不起来。)

Are you satisfied with our products? Do you have any questions to ask us? It is our pleasure to serve you.(您对我们的产品满意吗?您有什么问题想问我们吗?很高兴为您服务。)

And, please see the attached quotation.(请查看附件中的报价。注:附上完整的报价单供客户参考。)

I'm waiting for your reply.(等待您的回复。)

Lica(莉卡)

第三类：约访客户

客户分析

约访客户是在展会上约定要在某个时间来公司和工厂参观的客户。这类客户一般比较谨慎，或者有大订单期待找到长期合作的伙伴。所以，我们的跟进目的是要让客户尽快到访，把优质客源抓在自己的手里。

跟进邮件模板

Hi ×××,（您好，×××）

This is Lica from ××× company. Glad to meet you at ××× Fair and do you confirm the visiting time? We will arrange everything well for your coming.（我是来自×××公司的Lica。很高兴在×××展会上见到您，您确定拜访时间了吗？我们将会为您的到来准备好一切。）

We are Top 10 ××× suppliers in China and we can offer you good products and best service.（我们是×××行业排名前十的供应商，我们能给你提供优质的产品和周到的服务。）

This is our company profile as attachment for your reference.（附件是我们公司的资料。注：附上公司资料展示公司实力，吸引客户来访。）

Your friend,（你的朋友，）

Lica（莉卡）

第四类：座谈客户

客户分析

座谈客户指在展会上坐下来与我们谈论过需求的客户。座谈客户和约访客户比较像，但座谈客户没有特别明确的意向，不过也愿意与我们加深了解。所以，跟进这类客户也可以和跟进约访客户一样，邀请他们来访。

跟进邮件模板

模板1：

采用与跟进“约访客户”相同的邮件模板。

模板 2：

Hi ×××，(您好，×××)

This is Lica from ××× company. Glad to meet you at ××× Fair and I know you are interest in our model ×××. This is a detail quotation/best price for your reference.(我是来自 ××× 公司的 Lica。很高兴在 ××× 展会上见到您，我知道您对我们的 ××× 产品感兴趣，这是产品的详细报价表，请您参考。)

Please check the attachment.(请查看附件。)

Hope you can get what you like. Please feel free to contact me if you have any questions.(希望您能找到心仪的产品。您有任何问题都可以随时联系我。)

Thank you!(谢谢！)

Lica(莉卡)

第五类：名片客户

客户分析

名片客户指的是那些只与我们交换了名片的客户。如果我们将前面 4 类客户称为意向客户，那么此类客户只能称之为潜在客户。我们在展会上除了名片之外没有获得对方的任何其他信息。对于这类客户，我们需要了解客户的背景，比如做哪些产品、公司规模多大、采购需求是什么、在此行业时间有多久等，收集完一系列信息之后，才能写跟进邮件。了解越多，对我们的跟进越有利。如果了解不到太多信息，也要先写一封跟进邮件，抓住展会交换名片的契机与客户建立联系，挑一些促销产品或者新品、畅销产品，随邮件发给客户。

跟进邮件模板

Hello ×××，(您好，×××)

Glad to know you through ××× Fair.(很高兴在 ××× 展会上认识您。)

I am Lica from ××× company. Please see the attached our new styles.(我是来自 ××× 公司的 Lica。请查看附件中我们的新产品资料。)

This is 2019 new type of our original. As we know，new items usually can catch more market.（这是我们 2019 年的原创新款。众所周知，新产品通常能抓住更多市场。）

Hope we have a chance to cooperate，make the win-win.（希望我们有机会合作、共赢。）

Lica（莉卡）

需要注意的细节

邮件都要遵循“简洁明了”的原则来写，不能像写作文一样长篇大论，国外客户会看不进去。能用单词表达就不要用短语，能用一句话说明就不要写两句话。邮件用语要礼貌客气，多使用“we”（我们），少使用“I”（我）。

如果邮件中有附件，则要检查附件是不是太大，过大的附件一定要精简，尽量压缩后再发送。如果在展会上跟客户合了影，则可以在邮件中贴出来，注意照片不能太大，照相机拍的照片很大，需要缩小。

无论写什么样的跟进邮件，要先思考这封邮件要达到什么目的，要获得什么信息，想明白了再写，做到有的放矢。关于撰写邮件和开发信的具体要求请查看第四章。

第四节 自建站的好处和类型

每一个做外贸的 SOHO 或者公司都有自己的网站，即“自己建立的网站”，简称“自建站”，也称“独立站”。

一、自建站的好处

自建站和平台不一样的地方在于：自建站由我们自己设置，创建功能和框架，我们既是其使用者也是其拥有者。平台由他人设定，我们只是使用者，一切只能遵从操作规范，而且要支付服务费等费用。所以，很多外贸人不喜欢使用平台，喜欢自己做网站。

自建站主要有三个好处：

第一，提升公司形象。网站是我们在互联网上展示给客户的一个“门面”，里面摆放着琳琅满目的商品，可供客户选择。

第二，我们可以通过网站或者邮箱来联系客户。客户可以在任何时候与我们联系，而我们也可以通过自建站上的反馈或者一些定制服务功能来了解客户需求以及客户的意见。

第三，我们可以根据自己的能力，采取不同的方法获取流量。在文字营销、视频营销等方面我们能自由发挥，不受限制。

二、自建站的类型

自建站的功能可以很丰富，在外贸行业，主要分为两种：展示型和在线销售型。这两种类型是根据预算和需求来划分的。

展示型自建站

展示型自建站是最常见的，其功能比较简单，基本内容有：主页（Home）、产品（Products）、新闻（News）、反馈（Feedback）、询盘（Inquiry）、关于我们（About Us）、联系我们（Contact Us）7个栏目。

使用展示型自建站的公司一般采用线下销售的模式。客户在网站上浏览产品和查找企业的联系方式，通过邮件或者电话联系企业，之后在线下完成订单。

在线销售型自建站

在线销售型自建站是能够在线上，即在网站上直接交易、在线结算的自建站。这种自建站比展示型自建站多了两个功能——“加入购物车（Add to

Shopping Cart）”和“现在购买（Buy Now）”。客户可以通过这两个功能直接在网站上购买产品。有些在线销售型自建站会增加“即时聊天（Chat Now）”功能，客户有任何问题可以在线咨询。

客户在线购买产品，资金自动存入卖家网站的“虚拟钱包”，卖家只要绑定自己的银行卡就可以提款。销售型自建站比展示型自建站更加方便和更有利于成交。

第五节　怎样通过电话开发客户

很多人之所以没有勇气给国外客户打电话，是因为担心自己的口语不够好、听力不过关，有这样担忧的肯定不是少数人。业务员除非对自己的英语听力和口语非常自信，否则难免会担忧和害怕给国外客户打电话。电话沟通的效率远远高于邮件，当事情比较紧急或者我们想要通过电话开发客户的时候，打电话是必不可少的。既然一定要打电话，那我们怎么做才能从容地与客户进行电话沟通呢?

一、打电话之前的准备工作

当你和客户之间的关系还达不到“拿起电话就能聊”的程度，或者你还不具备这样的能力时，打电话之前的准备工作是必不可少的。

准备什么？内容提纲。把需要沟通的或者想要传达给客户的要点列出来。这其实是对要传达的意思或者要达到的目的进行假设和提前预习。例如，小明跟进了一个德国客户一个月，其间沟通了很多次，看起来没有什么问题，但对方迟迟不付款，小明想要打电话催客户付款，他可以这样罗列要点：

（1）试探性地问客户不付款的原因，了解是价格不合适还是其他原因。如果发现有哪些方面不能满足客户需求，则问问客户希望怎么处理。

（2）如果客户说没有问题，那么问客户什么时候可以安排付款。假设客户回复的付款时间太晚，思考我们要怎么回应。如果客户拒绝答复付款时间，那么，我们又该如何跟客户沟通。

（3）还可以问客户对我们的服务是否满意，如果不满意，则请客户提出建议。

（4）列出需要注意的细节，包括产品细节和沟通细节，提醒自己注意。

罗列要点的时候最好用英文，这样可以让我们在紧张的情况下，知道如何用英语表达。打电话之前把以上内容用英文写出来，读一读，注意电话用语。我们还需要注意打电话的时间，不要选在早上刚上班或者下班以后给客户打电话，接近中午或者接近下班的时候给客户打电话比较合适。因为快下班的时候，客户已经基本把一天的工作都安排妥当了，所以，这是客户比较放松的时候。

二、打电话过程中的细节

拨通电话之后，我们需要注意 6 个细节。

（1）礼貌地问好，然后自报家门：我是谁、我来自哪个公司、我给你打电话的目的是什么。简短介绍这些内容，通常一句话就可以。

（2）询问客户现在是否有空。如果他有空，则按提纲内容接着聊，如果客户没空，则要记下客户什么时间方便，下次再沟通。

（3）阐述完所有内容以后，询问客户是否理解、是否需要进一步的解答。

（4）在沟通过程中，尽可能记录客户所说的内容，记不住句子就记单词。

（5）再次确认和客户沟通的内容，以防自己听错或者客户表达有误。

（6）使用礼貌性语句结束通话，感谢客户付出的宝贵时间，然后等待客户先挂断电话。

三、打电话之后要做的事

通话结束后，要先把对话内容尽可能回想一遍，想想客户刚刚说了什么；再把电话内容梳理一下，把要点和注意事项写在工作本中；然后针对这些问题完善后面的工作。

四、实在听不懂怎么办

初次给客户打电话，自己听力不够好，又或者由于客户的口音问题导致我们没听清或没听懂，怎么办?

礼貌地要求客户再说一遍，比如“Pardon me，can you say it again?”（抱歉，可以再说一遍吗？）如果还是没听懂，那么，可以说，“Sorry，I did not hear clearly，it seems that the phone signal is not very good. Can you tell us your ideas via email? I will send email to you after the call. Please check it，thank you！”（对不起，我没听清，可能是信号不太好。你可以通过邮件告诉我你的想法吗？我也会针对这次的沟通发一封邮件给你，请注意查收。谢谢！）

实在听不懂的时候，我们要给自己找个“体面”的台阶下，但是沟通不能中断，挂了电话之后，可以通过邮件或者在线聊天工具，把需要沟通的内容发给客户。

五、给自己增加一点信心

我们可以通过 4 点来帮助自己提升信心。

（1）学习别人：看看别人是怎么跟客户打电话的。

（2）提升自己：练习听力和口语，提升能力，这是自信的根本。

（3）大胆前进：很多时候我们会发现，并不是只有英语非常好的人才能给客户打电话，我们只要敢说就成功了一半。

（4）掌握窍门：熟能生巧，掌握电话沟通的窍门也能给自己更多的信心和底气。

第六节 Facebook 开发客户新形式

脸书（Facebook）——全球最大的社交网站，有十多亿用户。在脸书上可以找到很多国外客户，它对外贸的客户开发很有益处。

一、新手扫盲——用脸书查找客户邮箱

我们经常用开发信开发客户，所以，能不能找到客户的邮箱至关重要。很多社交网站上都有客户的联系方式，包括邮箱。很多外贸新人经常问怎么在社交网站上查找客户邮箱。笔者以脸书为例，分享查找客户邮箱的一个简单的方法。

首先，需要登录我们的脸书账号（有账号的直接登录，没有账号的需要注册一个账号）。登录之后会出现以下页面，如图 3-1 所示。

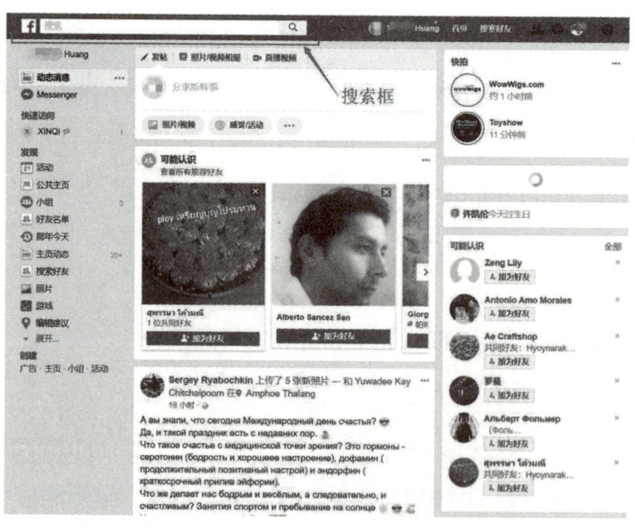

图 3-1　Facebook 的搜索页面

在搜索框中输入关键词，比如“toy”(玩具)。页面左边可以设置搜索条件，可根据自己的需要进行选择，如图 3-2 所示。

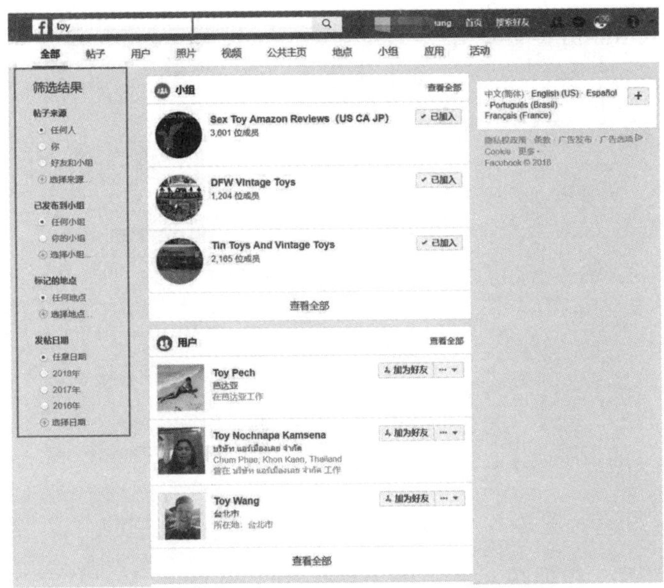

图 3-2　Facebook 的筛选页面

搜索出的结果包括很多关于“toy”的小组、用户、主页、视频等，如图 3-3 所示。

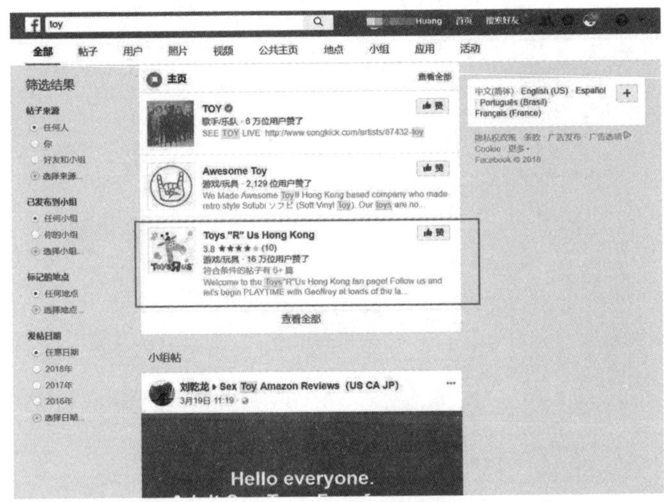

图 3-3　关于“toy”的信息

我们点击搜索结果中的“Toy‘R’Us Hong Kong”，可以看到其主页，如图 3–4 所示。

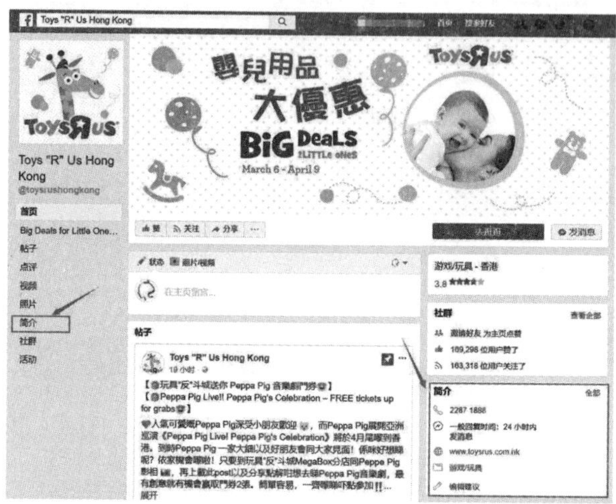

图 3–4 Toy“R”Us Hong Kong 主页

进入其主页，找到图 3–4 中圈出的两个“简介”。其中介绍了这个公司及其用户的基本信息。点开可以看到电话、邮箱、网页、公司概况等信息，如图 3–5 所示。

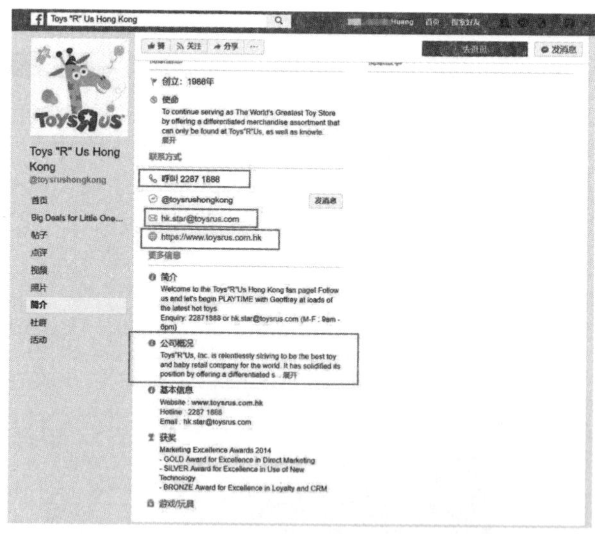

图 3–5 “简介”页面详细信息

通过这样的简单操作，我们就能找到客户的联系方式，包括网站、电话以及邮箱。找到这些之后，我们就可以给客户写开发信或者打电话了。

二、脸书社媒营销新形式——引流

通过脸书开发客户除了按照以上方式查找客户的联系方式外，我们还可以主动吸引有相关需求的客户关注，即引流，最终成交订单。

引流的一个重要手段是广告。近年来，广告也在随着时代的变化而变化，其形式更加内敛，内容更加丰富。因此，脸书的广告形式在时代的推动下有了新的形式。

带有公益性质的广告

这类广告通过塑造企业公益形象，达到宣传和引流的目的。Love Your Melon 公司（美国一家致力于抗击儿童癌症的服装公司）每售出一顶无檐便帽，就会捐赠一顶给患癌儿童。该公司通过这样的广告宣传，使其业务逐渐扩大。现在，该公司除了制造无檐便帽外，还制造围巾、手套、棒球帽和 T 恤等，如图 3–6 所示。

图 3–6 Love Your Melon 公司的公益广告

展示专业性的广告

这类广告侧重于展示公司实力，比如产品的质量、做工、细节等与众不同的地方，也包括产品使用指导。图 3-7 是越南河内的一个小老板通过视频方式展示自己店内女包细节的场景。

图 3-7　越南河内的老板展示产品

能引发互动的广告

一个备受关注的社会问题、一句简单的人生感悟或遐想，都可以引发讨论。例如，主营婚纱礼服的公司 BRIDES 打出的广告语："When you find your dream wedding dress..."（当你找到梦想中的婚纱……）。这则广告的播放量达到 13 万次，评论超过 500 条，如图 3-8 所示。

图 3-8　一句关于婚纱的广告语

新颖有趣的广告

灵光一现的想法、神奇有趣的发现或者产品背后的有趣故事等都可以成为不错的广告。例如，《玩具总动员》（*Toy Story*）通过生动有趣的动画赋予玩具生命，由此吸引观众，如图 3–9 所示。这样的形式值得企业借鉴。

图 3–9 《玩具总动员》片段

个性化的广告

有个性的、特别的广告往往很容易吸引人。例如，图 3–10 这种投影玩具，老少皆宜，吸引了 4.6 万次的围观。

图 3–10 投影玩具广告

脸书上有很多在广告方面做得不错的公司，他们的广告很有特点。我们要清楚的是，不管什么形式的广告，都应该是真诚的、不浮夸的，而且内容是积极向上的。制作一些有内涵、不令人厌倦、吸引眼球的广告，是我们在脸书上更好地引流的重点。

第七节　利用谷歌搜索开发客户

谷歌（Google）是全球最大的搜索引擎。对于外贸人来说，谷歌上有大量的客户资源。利用谷歌搜索开发客户是指借助谷歌搜索查找国外客户的信息，包括联系方式、身份等所有便于我们了解这个客户的信息。

一、通过谷歌搜索开发客户的简洁方式

所谓的简洁方式，其实就是直接输入我们要搜索的内容。例如，我们想找到关于“toy”（玩具）的内容，在谷歌搜索引擎中直接输入“toy”这个词，页面就会出现所有与“toy”有关的信息，如图 3–11 所示。

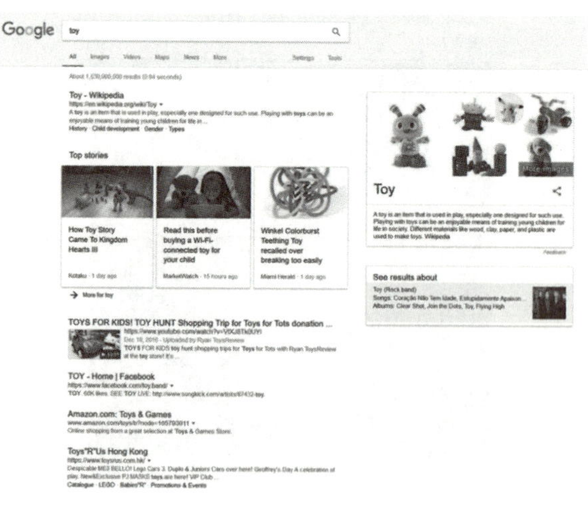

图 3–11　“toy”一词的搜索结果

这样搜索出来的内容涵盖很多信息，有黄页、有公司网站、有社交平台，还有 B2B、B2C、C2C 营销平台等。由于我们要找的是经营玩具的公司，因此我们可以将搜索结果中的链接逐个点开查看。我们会发现第 6 个——“Toys‘R’Us Hong Kong”是一个公司的链接。

在一个公司的官方网站上，我们需要看哪些内容？是看它们展示的图片有多么有趣吗？肯定不是。我们需要看他们的“产品列表”（catalogue），如图 3–12 所示。通过产品列表了解他们是销售什么产品的、销售的产品是不是我们正在经营的，如果是，他们则是我们的目标客户，如果不是，则可以想想是不是能将其列为潜在的开发目标。例如我们经营的是指尖陀螺，而这家公司销售的是一些小型玩具，指尖陀螺说不定也可以成为其产品之一，于是我们就可以将其列为待开发客户。然而，如果他们销售的产品与我们经营的产品完全不相关，那么就不要浪费时间了，可以继续寻找下一个网站。

图 3–12　Toys“R”Us Hong Kong 网站首页

看了该公司的产品列表之后，若确定其是我们的目标客户，那么我们就要了解他们的更多信息。点击“关于我们”（About Us）之后，你会发现该公司是一家世界连锁公司，我们正在浏览的是其在中国香港地区的分公司网站，如图 3–13 所示。

如果我们发现这是一个大的连锁公司，本能的反应应该是：“这是一个大公司！如果我能拿下就太好了！”这是一个好的开始。先看看我们能从中获取哪些有用信息。通过“关于我们”页面的介绍，我们可以了解到，该公司在新加坡、马来西亚等地都有分公司，在中国也有。这个消息对我们而言可以说是喜忧参半，喜的是该公司在中国有分公司，联系起来比较方便；忧的是

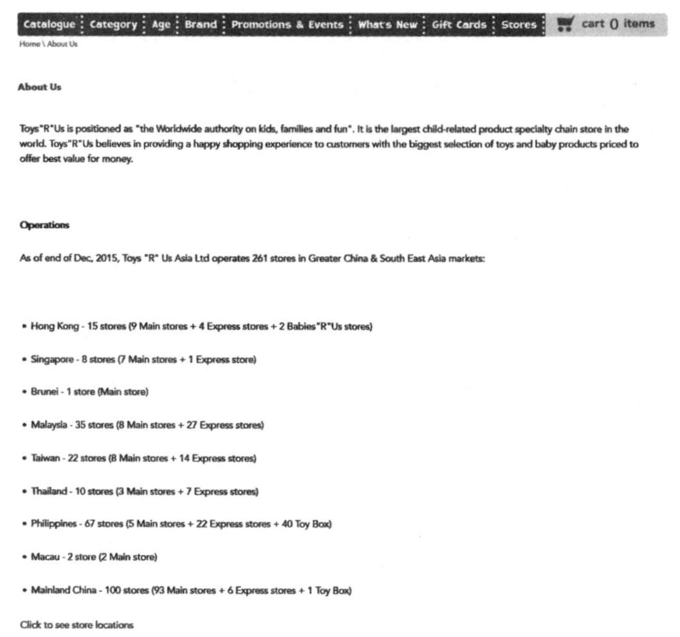

图 3-13 “关于我们”页面的内容

中国商家对中国的供应商非常了解，想要攻克他们，我们需要做更多的工作。如果我们是玩具工厂，那么这个公司就是我们的目标大客户；如果我们是外贸公司，那么也可以尝试去联系它。一些客户在接触一个新的产品或进入一个新的行业时，因为没有经验，所以需要经验老到的外贸公司帮忙寻找工厂。因此，与外贸公司合作的商家也不在少数，凡事皆有可能。

了解了客户的产品和公司信息之后，我们就可以查找其联系方式了。可点击图 3-14 中的“联系我们”（Contact us）查看相关信息。

图 3-14 网站底部信息分布

“联系我们”页面的内容如图 3–15 所示。

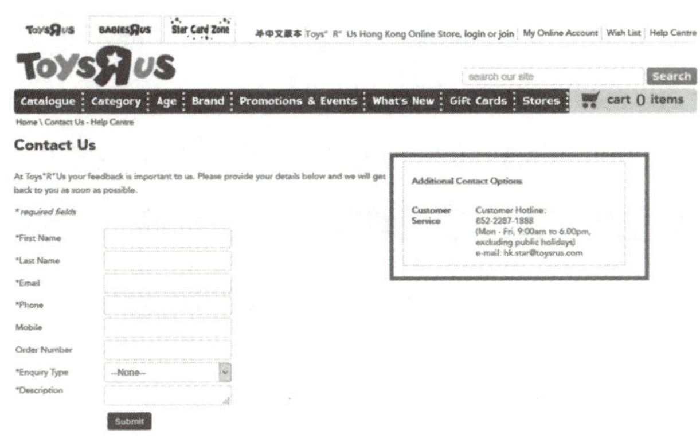

图 3–15 “联系我们”页面的内容

在“联系我们”页面有企业的联系电话和邮箱，这些就是我们想要的东西。建议制作一个客户开发信息记录表，把收集到的企业信息记录下来，格式可以参考表 3–1。

表 3–1 客户开发信息记录表

客户名	客户邮箱	公司名	公司邮箱	国家	网站	主营产品或商业性质	其他联系方式
		toysrus	hkstar@torsrus.com	连锁店，中国，香港等	www.toysrus.com.hk	儿童玩具	

总结一下，通过谷歌搜索开发客户的思路是：输入产品关键词→查找目标网站→挖掘网站有用信息→做好记录。

不同网站的布局不一样，我们要找到“产品介绍”“公司介绍”“联系方式”这 3 个最基本的信息。当然，企业网站上还有很多信息值得参考，希望大家平常多挖掘，这对于写开发信和谈判有一定的帮助。

二、结合谷歌和社交网站开发客户

社交网站上承载着大量信息，比如脸书、领英。所以，我们要学会结合谷歌和社交网站准确查找客户的联系方式。

以领英为例，我们可以先查找所属行业的公司或者个人。例如，我们想查找玩具类的客户，可以在搜索框输入“toy”（玩具），搜索结果中会出现很多中国的企业和个人。领英可以对搜索结果进行筛选，在筛选条件中选择一个国家，比如美国，会出现如图 3–16 所示的结果，这些就是我们的目标客户。

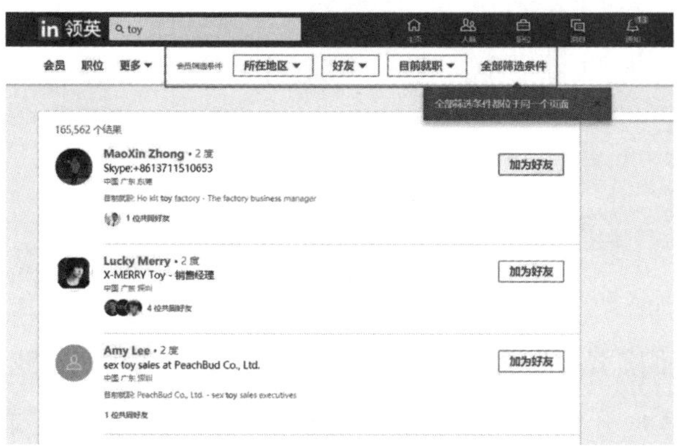

图 3–16　领英搜索结果页面

我们可以在搜索结果中挑选一个，比如图 3–17 中圈出的这个用户。

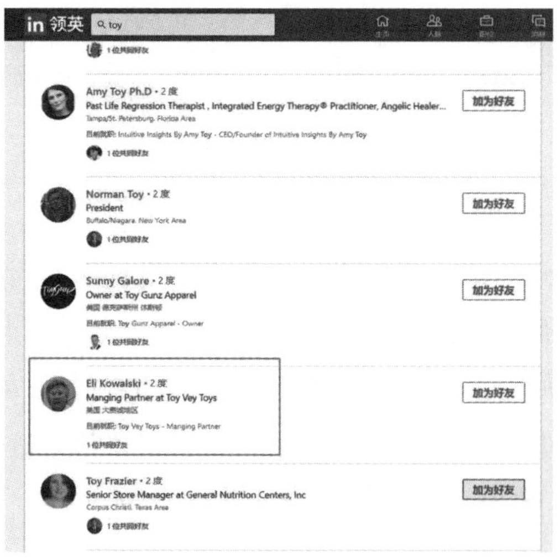

图 3–17　在搜索结果中选定的用户

打开他的领英主页，如图 3–18 所示，我们可以获得两个信息：一个是他的名字——Eli Kowalski（伊莱 · 科瓦尔斯基），一个是他所在公司的名称——

Toy Vey Toys（一家美国玩具公司）。

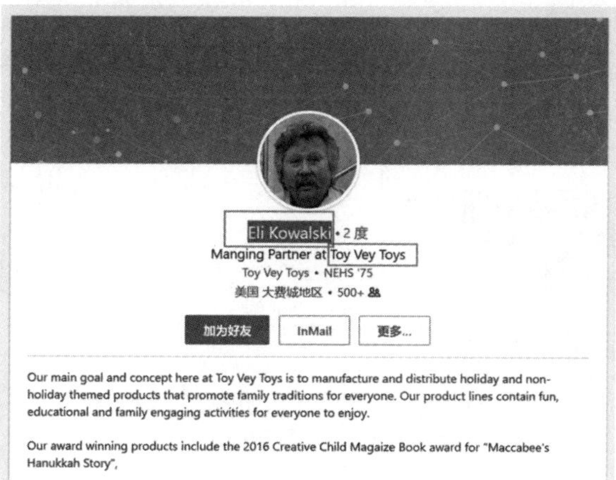

图 3-18　领英用户个人主页

接下来，我们可以用这两个信息找到他的准确的联系方式。

第一步，在谷歌上搜索公司名称“Toy Vey Toys”，找到该公司网站，如图 3-19 所示。

图 3-19　谷歌搜索公司名称结果页面

打开该公司网站查看更多信息，如图 3-20 所示。

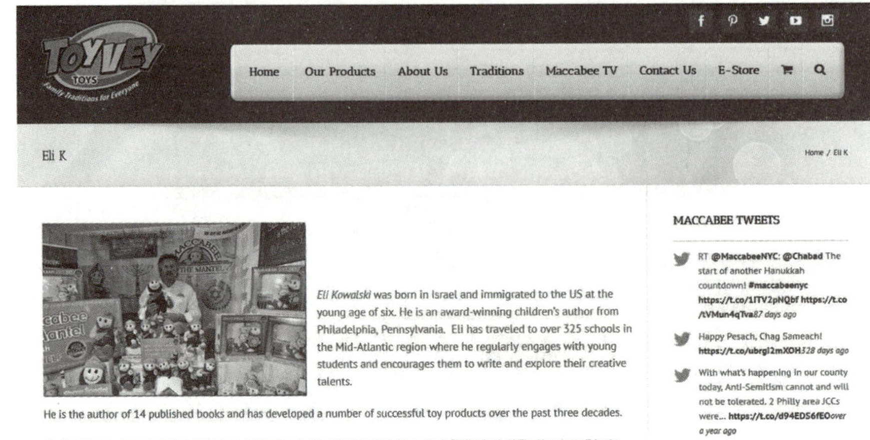

图 3-20　Toy Vey Toys 公司网站主页

在该公司的网站上，有一个页面专门对我们在领英上找到的这个人——Eli Kowalski 进行了介绍。介绍中称，他是这些玩具的缔造者。所以，他在该公司的地位可想而知，我们找他的联系方式肯定错不了。

第二步，使用“人名 + 公司后缀邮箱”的搜索方式。“Eli Kowalski@Toy－VeyToys.com”“Kowalski@ToyVeyToys.com”“Eli@ToyVeyToys.com”这 3 个邮箱我们都可以试试。当我们在谷歌搜索“Eli@ToyVeyToys.com”时，会发现，搜索结果中（如图 3-21 所示）真的出现了这个邮箱！

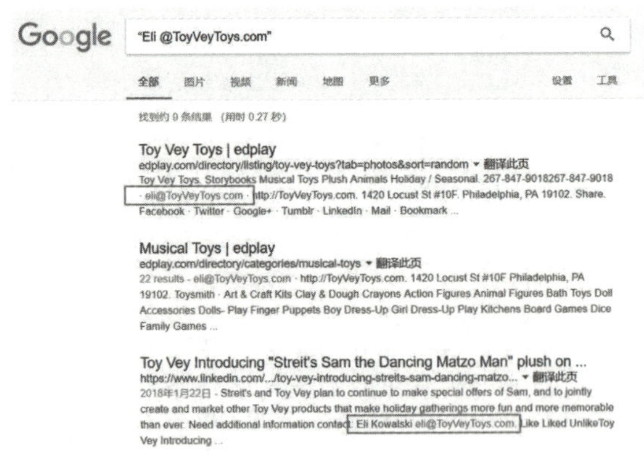

图 3-21　谷歌搜索邮箱

至此，我们基本上已经可以根据我们找到的邮箱去发开发信了，也可以直接打电话与客户建立联系。

第四章

撰写开发信的技巧

开发信，顾名思义就是用于开发客户的邮件。

外贸开发信怎么写是每个业务员都非常关心的问题。

开发国外客户很大程度上要靠开发信。

开发信的好坏关系着我们业务的好坏。

写好开发信都有哪些讲究？

第一节 如何写出新颖的标题

如果把开发信比作商店，那么开发信的标题就是商店的门面。怎样才能吸引客户“进门”是这一节要介绍的。

一、写标题应该注意的问题

写开发信的标题并不是简单地堆砌文字，有很多细节需要注意。做好细节才能写出好的标题，才能让客户进一步查看邮件内容。

切中要点

要点是什么？如何切中要点？要点是指客户所关注的点，或者我们的邮件所要表达的中心思想。

范例：We are a big manufacture of electronic cigarette in China and we can offer you more discounts.（我们公司是中国的一家大型电子烟制造商，可以给你提供很多优惠。）

分析：这个标题想表达“我们是工厂，我们有优势，可以给你很多优惠”的意思。然而，是不是有点啰唆？我们可以将其改成：“More discounts because we are a factory of electronic cigarette”，句子意思没变，但这样的标题能让客户一眼看到“more discounts”（更多优惠），切中客户的关注点，促使客户打开邮件。

避免烦琐

大部分人都有一个误区，认为标题写得越长、越详尽，越能让客户了解更多信息，其实不然。标题太长或太烦琐会导致客户阅读疲劳，反而会起到反作用。让人看着舒服的标题字数是 5 ~ 12 个字。

范例：We are a big manufacture of electronic cigarette in China and we can offer you more discounts.（我们公司是中国一家大型的电子烟制造商，可以给你提供很多优惠。）

分析：我们还以上面的标题为例。这个标题很长，读起来很累，客户每天会收到成百上千封邮件，不会一封一封地查看。所以，这样的标题极有可能被客户忽略。为避免烦琐，我们可以将其改成，“More discounts just for you”，句子的重点不变，但这样简短很多，令人一目了然。

避免垃圾词

什么是垃圾词（SPAM）？垃圾词就是会被邮件系统判定为“垃圾”的单词或词汇，常见的有 price（价格）、promotion（促销）、hot sale（热销）、cheap（便宜）、free（免费）等明显用于推销的词汇。所以，邮件标题要尽量避免使用这些词汇，一旦被邮件系统发现有垃圾词，邮件就发不出去了。

范例：Hot sale items of electronic cigarette!（热销的电子烟产品！）

分析：为了避免垃圾词，可以将其改成“ High value items of electronic cigarette!”句子意思不变，但换了一个单词来表示“热销”，避免了垃圾词。

避免使用缩写

写开发信应该严谨，表达的意思不能模棱两可、让人产生误解。英文单词有很多缩写，相同的缩写有很多不同的意思，因此，缩写不能用在第一封开发信中，也不能出现在标题中。

范例：I am Lica from VN，we are a factory of electronic cigarette.

分析：VN 是一个缩写。业务员想表达的意思是“我是来自威南电子科技有限公司（缩写为 VN）的 Lisa”，但往往会被理解为来自越南（缩写也是 VN），让人误解。

区别对待

针对不同国家的客户，标题的侧重点应该不同。例如，中东客户比较注重价格，我们的邮件标题可以用表示价格低廉或者价格优惠的词语；欧美客户更注重供应商的信誉和产品质量，我们的邮件标题应包含“我们的产品质量过硬”之类的语句。同时，也要根据客户的不同商业身份写标题。如果客户是大商户，进口能力很强，则更关心产品质量及合作的长期性；如果客户是中间商，则更关心怎么赢利；如果客户是个体户，则更关心产品性能和价格是否符合他的客户群体定位。根据客户的不同情况写标题才能有的放矢、事半功倍。

二、常用的标题模板

了解了写开发信标题要注意的问题之后，有哪些标题可以作为参考？本节介绍的几种常用的标题格式是笔者结合多年经验总结而得，希望对大家有帮助。

把客户名字写在标题中

如果我们已经知道客户的名字，则可以直接使用“To+ 客户名字”的格式表示这封邮件是给某个客户的，如“To Mr. Peter”（给 Peter 先生的邮件），在“To”后面加上客户的名字或者公司的名称，可以给客户一种被重视的感觉。再比如“John，have you received our email？”（John，你收到我们的邮件了吗？），以此为标题的邮件平易近人，能引起客户的注意。人对自己的姓名是很敏感的，所以，想要表示对客户的尊重，首先要记住他的名字。在客户邮箱的 100 多封邮件中，唯独你这封邮件的标题有他的名字，你的邮件被点开的概率一定比其他人大很多。

模仿回信

我们在回复别人的邮件时，邮件系统会自动在原来的邮件标题前面加一个“Re”，表示这是一封回复的邮件，即回信。当我们第一次给客户发邮件、不知道对方是谁时，也可以使用“Re + 标题”的格式，让客户以为是回信，增加邮件被点开的概率。例如，“Re: Good quality bags from ABC company”（来自 ABC 公司的优质包袋）。这种格式可以一直使用，即使客户觉得发信人很陌生，也会产生“万一是某些重要信息”的想法，那么它被打开的概率就会很大。

表明“国外大公司供应商”的身份

如果我们的公司与国外大公司有过合作，可以把大公司的名字加到标题里，例如，“WalMart's supplier from China”（沃尔玛公司的中国供应商）。这样的标题借助沃尔玛公司——全球知名大公司的名气，从侧面证明了我们公司的实力，毕竟给大公司供货的公司的产品肯定不会很差，信誉也应该不错。欧美客户格外注重信誉，在邮件标题中加上一个大家都认可的大公司名字，会给客户对我们的印象加分。

引用客户的产品

为了拉近与客户的距离，我们可以到客户的网站上查看客户正在经营哪些产品，标价是多少，在邮件标题中加以引用。例如，“big supplier of AB bag in China”（AB 包的实力供应商）。AB 包是客户经营的热销品名称，客户对于自己热销的产品必然熟记于心。作为一个专业的业务人员，客户看到自称是该产品的大供应商的说法，出于好奇，会点开邮件看看，了解一下这个供应商是谁、价格是不是更有优势、产品质量是不是更好等。

三、新颖的标题写作思路

俗话说：“活到老，学到老”，外贸行业也是这样。所有的知识都在随着环境的变化而不断地更新，我们要学习的是创新的思路，而不是“依葫芦画瓢”的办事方法。我们都知道写邮件标题要利用客户的好奇心，制造熟悉感，使得标题具有吸引力，那么，具体要怎么做？以下几种创新思路，大家可以试试。

第一种：模仿阿里巴巴的回信

范例：Dear Peter，you got a message.（亲爱的 Peter，你收到一条信息。）

分析：这是阿里巴巴给国外客户发送邮件时所使用的标题样式。客户收到这样的邮件首先会感觉很熟悉，其次会认为是有人回复了他的询价。这种标题对阿里巴巴上的客户尤其适用，使用这种标题，邮件被打开的概率比较高。

当我们另辟蹊径撰写标题的时候，邮件的内容就显得非常重要。邮件的内容务必切合标题，并且在恰当的客户身上使用。将带有范例中标题的邮件发给阿里巴巴上的客户是合适的，但发给其他客户，可能效果不佳，甚至适得其反。

邮件内容可以这样写：“Peter，你之前在阿里巴巴上询问过 ×× 产品，现在还需要吗？我们是有实力的公司，主营的产品有……，优势是……”

第二种：模仿打电话后的追踪邮件

范例：Re: Lica called you just now !（Lica 刚刚给你打过电话！）

分析：打电话能很快拉近客户与我们的距离，但出于口语不好等原因，很多人没有勇气打电话，或者不愿意花钱打国际长途电话。没打电话没有关系，可以用这样的标题模拟打过电话的情境。当客户看到这样的标题时，他的反应是，“刚刚谁给我打电话了？我没有接到吗？有什么重要的事情？”这样，邮件被打开的概率会很高。

邮件内容可以这样写：“我刚刚给你打了电话，不知道为什么没有接通。我想告诉你，我们出了新品，有……优势，能给你们带来……收益……”

你打没打电话都可以这样写。客户每天都很忙，没接到电话也很正常，可以将打电话作为我们与客户建立联系的一种假设，这样更容易撰写开发信。

第三种：模仿购买者询问

范例：Re : Peter，Do you sell ×××?（Peter，你卖 ××× 产品吗？）

分析：客户既是购买者也是销售者。作为一个销售者，他更关注的是询价邮件而不是漫天的广告。这样的标题能一下子吸引客户眼球，客户会认为，

"有人找我买东西，我得赶紧看看！"这种标题被打开的概率很高。

邮件内容可以这样写："我看到你的网站上有 ××× 产品，我们恰好可以给你提供物美价廉的同类产品"，之后介绍公司的情况并且列举产品，最好能对比我们的产品和客户销售的产品之间的异同，还可以提一下能给他们什么优惠，很自然地切入话题。

第四种：试探性询问

范例：Peter,Why don't you reply to me?（Peter，你为什么不回复我？）

分析：对于很久没有回复的客户，如果没有直接的话题可以切入，那么可以使用试探性的询问标题，例如"你为什么不回复我？"或者"你是不是忘记看我的重要邮件了？"这类的反问句。反问句比陈述句更有冲击力，能够引起客户的重视和注意。这种方式主要用于以前有过合作但很久没有回信的客户，可用于重新开发老客户。

内容可以这样写："Peter，我是 Lica，很久没有收到你的信息了。你可能并没有收到我的邮件，所以我想尽方法与你取得联系。你现在怎么样？如果你看到了我的邮件，是否可以回复我？我们研发了新产品，是不是可以发给你看看？"当收到这样的邮件时，客户通常会客气地回复，"是的，我们好久没联系了，把你们的新产品发过来看看吧。"在邮件往来中或许没有实质的内容交流，但只要先建立了联系，就有产生订单的可能。

只要能吸引客户打开邮件，且邮件内容能切合客户需求，另辟蹊径的标题就比老套乏味的标题更能发挥作用。

第二节　怎样创新开发信的内容

标题只是装点"门面"，店内的装潢和产品的展示才是重中之重。开发信的内容更要谨慎对待。能不能让客户产生购买欲望或者合作意向，就看开发信的内容写得如何了。

一、写开发信应该注意的问题

外贸业务员每天都要写很多邮件，但是很多邮件发出后都没有得到回复。没有得到回复的原因有很多，我们只能尽量避免错误，以增加回复率。邮件标题是邮件的一部分，但只有一个好的标题还不够。如何写出能获取客户回复的开发信呢？

分析邮件的发送对象

我们要清楚是给谁发邮件，是经销商、零售商还是批发商？是欧美客户还是亚洲客户？在写邮件之前，我们需要对邮件的发送对象，也就是销售对象的身份信息进行收集和分析，越详细越好。要让对方知道这封邮件是写给他的，要有的放矢，抓住客户的心。同时，结合我们产品线中不同产品的销售对象、需求等，为客户量身定制开发信的内容。

透析产品优势

明确了销售对象，那么，我们的“销售武器”——产品的卖点是什么？是质量好、性能好、性价比高、外观创新还是其他？找到产品的卖点并在开发信中突出说明，让客户一眼看到合作的可能性。

透析产品优势和分析邮件对象这两步要结合起来进行。不同的客户关注的焦点不同，只有抓住客户的心来表述产品的优势，才能提高成交效率。如果实在不清楚客户的关注点是什么，则可以把产品优势简洁明了地罗列出来，尽可能增加命中率。

透析其他优势

除了产品优势，我们还有哪些其他优势，比如售后服务、价格、工厂、交货期、付款方式？通常，工厂的优势是售后服务、价格和交货期，所以很多外国经销商或批发商喜欢和工厂合作。不管我们是工厂还是贸易公司，都要找出“其他优势”，作为产品优势的“助攻”。当然，优势越多越有利。例如付款方式优势，也就是更有利于客户融资的付款方式。有些客户可能在融资方面出了问题，如果我们可以提供付款交单（D/P）的付款方式，则会比同行的电汇（T/T）付款方式更能抓住客户。要注意的是，每种付款方式都有其优缺点，要谨慎使用。

增加客户信任感

虚假不实、夸大其词的开发信，早已让客户对各种开发信疑虑重重，甚至产生排斥的情绪。邮件里都是我们单方面的说辞，如何才能让客户相信我们所说的？我们要拿出相应的证据。什么是证据？证据就是除了“口述”，额外添加的图片、附件、视频、报价表等。拿出看得见的证据，即使不能让客户完全信任我们，也比口说无凭要有说服力。

语言通俗易懂

专业英语八级的人是不是比大学英语四级的人更能写好开发信？其实不一定。邮件内容言简意赅就好，不需要舞文弄墨，也不需要使用多么复杂的英语从句。我们会不会用复杂的句型撰写邮件还在其次，首先得看客户能不能看懂，邮件应以让客户看懂为出发点。除了欧美客户的英文很好之外，中东等非英语国家或地区客户的英文水平参差不齐，所以，邮件的内容要尽量通俗易懂。

排版简洁工整

美观的事物总是能得到大家的喜爱，对于邮件来说也是一样。邮件内容的排版不能杂乱无章，让客户看着费力，这样会降低客户阅读的兴趣。邮件中陈述的观点较多时，应该为其编号；一封邮件里的文字不能出现两种以上的颜色；想要强调的内容，可以加粗，但只能有一处或两处，不能太多；全文使用的字体需统一，外国客户比较常用的字体是 Arial、Tahoma、Times New Roman，还可以在实际交流过程中根据客户的习惯选择合适的字体。

二、常用的开发信模板

开发信的写法因人而异、因产品而异，好的开发信有很多可以学习和借鉴的地方。下面几个开发信模板，大家可以套用，但最好不要照抄。本书中讲到的知识都应该活学活用。

模板一

Hi, Sir/Madam，（您好，先生 / 女士，）

Glad to hear that you're on the market for electronic cigarette. We specialize in this field for 7 years，with the strength of EUR and USA market，with good quality and pretty competitive price.（很高兴您也经营电子烟。我们在这个领域耕耘 7 年了，主攻欧美市场，产品物美价廉。）

Also we have our own professional designers to meet any of your requirements.（另外，我们有自己的研发团队，提供定制服务。）

If you have any questions，call me. Let's talk about details.（如果您有任何需求，请给我致电。我们可以详谈。）

Best regards!（美好的祝愿！）

Lica（署名）

这个模板可学习的地方是其简洁地表明了我们公司有实力、产品质量好且有价格优势。这个模板的内容比较中规中矩，几乎所有人都可以套用。

模板二

Hi，purchasing manager.（您好，采购经理。）

Good day!（美好的一天！）

We are××× supplier，and we have researched and designed some new product.（我们是 ××× 产品的供应商，我们研发了一些新产品。）

If you are interested in，I'll send you our catalogue. Thanks for your valuable time.（如果您感兴趣，我就给您发送报价表。感谢您宝贵的时间。）

Best regards!（美好的祝愿！）

Yours Lica（署名）

这个模板的优点在于利用了客户的好奇心。许多客户都喜欢新事物，当我们提到研发了新产品时，一般客户都会说“那你发来看看吧”，大部分人不会拒绝了解更多有利信息的邀请。

模板三

Dear Sir or Madam，（亲爱的先生 / 女士，）

Are you interested in saving more money on importing any of the followings?（您对以下能为您省钱的产品感兴趣吗？）

A Model，（A 产品，）

B Model，（B 产品，）

C Model.（C 产品。）

All of our products are very affordable as a result of being produced in special economic development regions of China.（我们的产品都非常实惠，原因是它们是在中国的经济特区生产的。）

Please feel free to contact me if you want to know more.（如果您想了解更多信息，那么请联系我。）

Kind regards !（美好的祝愿！）

Lisa（署名）

这个模板在一开始就亮出了撒手锏——“saving more money”（省更多钱）。对于追求低价格的客户，省钱即赚钱，这能快速地勾起客户往下阅读的兴趣。之后，介绍了 A、B、C 三款产品，以及指出我们所有的产品都很实惠，原因是它们都是在中国的经济特区生产的，享受优惠政策。客户读完这些信息会想：如果真的能让我赚更多钱，那么我愿意多了解一下。由此，吸引客户回信。

模板四

Hey guy,（你好，朋友，）

ABC is trading here，exporting electronic cigarette with good quality and low price in US.（我们公司是 ABC，向美国出口物美价廉的电子烟。）

Call me，My phone number is ×××. Let's talk details.（给我回电，我的电话是×××，让我们谈一谈细节。）

Regards,（祝福你，）

Lisa（署名）

这个模板其实是一个外国朋友写的开发信，特别简短，开门见山。把自己来自哪个公司、经营什么产品、有哪些优势分别通过一句话表述清楚了，一点都不啰唆，符合外国人的语言习惯。这值得我们学习、借鉴。

三、新颖的写作思路

“一千个读者就有一千个哈姆雷特”，模板是死的，而人的思想是活的。开发信是写给国外采购人看的，那么，采购人一般都希望从邮件里看到什么呢？我们写开发信要从采购人的角度去撰写，只有不断创新、不断尝试才可能进步。

亮出证据

我们写开发信的通病是整封邮件都在阐述自己的产品有多好、价格有多低。客户会产生疑问：你们如何保证产品质量？价格为什么这么低？价格这么低是不是因为产品质量很差？全凭文字描述，内容会很苍白，没有说服力，我们应该在简单介绍之后，附上一些照片，比如工厂照片、新设备照片、证书照片或者和其他客户的合影，甚至是视频等，增加可信度。

强烈对比

在写开发信之前，我们要分析客户的网站，分析客户的需求，然后将自己的优势产品与客户的需求产品进行对比。如何才能更清晰地展示对比的结果？笔者建议使用表格。表格内容要包括产品名称、产品图片、产品特点（即卖点，产品与众不同的地方）、产品价格。可以将表格添加到邮件的附件中，让客户了解我们的产品和客户经营的产品之间的差别以及我们的优势所在。当然，这样的方法也可以用在对比同行的产品上。在通常情况下，我们的竞争对手也有类似的产品，我们不妨做一个表格，将我们的产品与同行产品的对比结果直观地呈现给客户。这样做很容易拉拢客户，原因是没有几个人可以如此细致，而且注意很多细节，如果我们不对比，客户则很难察觉。需要注意的是，在对比时，应着重突出我们自身的优势。

抛出诱惑

怎么引导客户下单？对客户来说主要的诱惑是什么？无疑是“利润”。一切对客户有利的方面都可以算作诱惑，比如免费样品、免邮费、赠品等。如果公司可以提供这些方面的优惠措施，那么，不妨写到邮件中，这在一定程度上可以引导客户回复邮件甚至是下单。这些都是小诱惑，更大的诱惑应该是如何让客户赚更多的钱，那就需要结合产品、服务等来综合分析了。

用图片代替文字

邮件里是不是一定要有文字？我们不妨大胆一点。如果在邮件里不添加文字，直接用图片来表达我们的想法会怎样？我们都知道，邮件不能啰唆，而且要美观，但是当我想表达的东西太多时，该怎么做呢？答案是用图片。可以在 Word 文档或在 Excel 表格中写好内容，然后截图，也可以自己制作一张宣传图片或者在产品图片上标注关键信息。用图片代替文字的好处就在于直观和生动，更容易提起客户的阅读兴趣。

偶尔“出其不意”

“出其不意”的意思是我们可以不将邮件发给采购人。有人可能会问，我们不发给采购人，发给谁？答案是发给工程师或者研发人员。对于技术性很强的产品，采购人员反而没有工程师了解产品的性能和特点，把介绍产品特性的邮件发给工程师，力争获得客户工程师的认可。另外，工程师很少收到这类推销邮件，不会有很大的排斥感，所以邮件被阅读的可能性更高，而且，工程师是客户公司的人员，被工程师认可的产品更具有说服力。通过工程师在客户公司内部传递信息，成交订单的可能性更大。

第三节　署名的方式有几种

开发信的署名就像书信的落款，要让对方知道邮件是谁写的。开发信的署名也是有讲究的，简洁美观的署名能给邮件增色，也能使客户产生好感。署名也在一定程度上代表了我们个人的形象。

一、写署名应该注意的问题

开发信的署名代表了我们个人的形象，为了给客户留下深刻的第一印象，我们第一封开发信的署名尤为重要。第一印象好也可以增大客户回复邮件的概率。

信息齐全

在通常情况下，开发信的署名需要包含人名、公司名、公司地址、手机号码、公司座机、邮箱地址、公司网址、工厂地址，以及其他的联系方式，如 Skype（网络语音沟通工具）、WhatsApp（用于智能手机之间通信的应用程序）、Facebook（脸书）等。第一封开发信应该包含这些详细的信息，原因是客户并不知道你是谁，为了方便客户联系你，信息要尽量齐全。需要注意的是，要将署名中的公司网址改成“无超链接”状态，即纯文本格式，有时候包含超链接的邮件会被邮箱系统拦截。

字体统一

署名文字的字体、字号要统一，不建议使用颜色标注，也最好不要加粗。如果署名使用多种颜色或者加粗，那么会使邮件内容显得杂乱无章。即使要对署名进行设计和创新，也要尽量让邮件整体上看起来舒服。

排版美观

为了让客户阅读时心情愉快，署名的排版要尽量美观。人的视觉通常都是先短后长，所以我们可以从短的开始写，公司地址一般很长，可以放到最后，或者把版面处理得工整一点。

二、常用的署名模板

邮件署名常用的格式如下所述。万变不离其宗，我们可以根据自己的喜好和排版要求自己调整。

邮件署名模板：

Sales Man/Woman（销售人员）：

Company Name（公司名称）：

Email（邮箱地址）：

Telephone Number（公司座机号码）：

Mobile Phone Number（个人手机号码）：

Skype（Skype 账号）：

Website（公司网站）：

Company's Address（公司地址）：

Factory's Address（工厂地址）：

三、新颖的署名设计思路

相对于邮件标题和内容来说，邮件的署名并没有引起我们很大的关注，大部分人认为把该写的都写上就可以了。其实不然。我们将开发信处理得越细致越能受到客户的青睐。我们写开发信不就是为了得到客户的回复吗？那为何不把署名也做得与别人不一样呢？当别人都还在用千篇一律的署名方式时，敢于创新的我们就可能脱颖而出。

抬高身份

如果你是国外的采购人员，你希望跟你沟通的人是销售经理还是普通的业务员？你一定更希望其是销售经理。销售经理在理论上是经验老到、有权力做决策的人。那你是不是可以把自己的身份抬高一下，在邮件署名中表示自己是销售经理（Sales Manager）？很多人会担心“撑不起”这个称呼。如果你是经验丰富的老业务员，则一般不会给这个身份抹黑；如果你是新手业务员，则可以将身份写成“I am a sales person in charge”，意思是我是销售负责人。业务员本来就是负责销售的，这样说并不为过。如果你本身就是销售经理，则可以更大胆一点地写成“Sales Boss”，即销售老大，让人感觉很权威。客户喜欢跟这样有权威的人谈生意。

使用美观的图片

很多人会问，在署名中可以使用图片吗？大多数人的惯性思维是不去使用，而我们既然不想走寻常路，何不勇敢尝试一下？要注意的是，增加图片只是为了点缀，让署名不那么单调，切莫本末倒置，让图片占上风。另外，图片不能太大，越小越好，10kb ~ 30kb 是可以被接受的，毕竟图片也占内存。至于什么是美观的图片，见仁见智，大家可以自由发挥。

添加公司实景照片

在邮件正文中，我们不必过多地介绍公司或者工厂，可以在署名部分通过添加公司或工厂实景照片来直观展现公司状况。这样做的好处是：在使邮件正文简短美观的同时，还介绍了公司。图片往往比文字更生动，更有说服力。同理，图片要尽量小，避免占用太多内存。

附上个人照片

客户每天收到密密麻麻的文字轰炸，心情一定很烦躁，如果我们在署名中附上一张本人的照片，那么客户会感到很亲切。而且，这也表示了我们的信心，原因是心虚的人是不敢亮出自己的照片的。以后，当客户来拜访公司或者参加展会见到我们时，会感觉很面熟，或者有可能是直接奔着我们来的，这给我们自己增加了不少成交的机会。有人担心自己长得不好看，放照片会适得其反。虽然帅哥美女可能更受客户青睐，但是给客户舒服的感觉更重要，一张正装照或者正式一点的照片会使我们显得专业，更容易被客户接受。

第四节　添加附件和图片有哪些注意事项

有时候，为了充实开发信的内容，同时也为了增强开发信的开发效果，我们可以在开发信中增加一些图片和附件。

一、添加附件和图片应该注意的问题

开发信加不加附件一直存在着争议，有的人觉得开发信加了附件可能会被邮箱系统拦截，或者带附件的邮件会被客户的邮箱认定为垃圾邮件。然而，有时候写开发信又需要添加附件和图片。所以，为了能够顺利地将邮件发送出去，也为了符合客户的视觉要求，附件和图片都要做相应的处理。

注意大小

不管是图片还是附件，都不能太大。这样做的原因有两个：一个是我们所使用的邮箱有自动识别功能，会拦截容量过大的邮件；另一个是客户的邮箱对邮件大小也有要求，相当一部分的邮箱是不能接收大容量邮件的。所以，我们在发送邮件之前应该处理一下附件和图片。如果附件太大，则可以压缩之后再发送，或者想办法缩减附件内容使其变小；如果图片太大，则可以使用修图工具把其改小；如果是多个文件，则要放在一个文档中，压缩之后再发送。

注意格式

大多数人以为只要让附件和图片符合上述要求即可，但是考虑到客户阅读邮件的感受，我们还应注意附件和图片的格式。附件尽量使用 PDF 格式。很多人为了方便直接把 Word 文档或 Excel 表格放在开发信中发送给客户，但是他们不知道的是，有些国外客户跟我们使用的软件不一样，有些文件打不开。即使客户能打开文件，Word 文档或 Excel 表格是可以直接进行修改的，如果是重要的合同文件，那么，这样做不仅不正式而且有风险。图片尽量使用 JPG 格式，原因是国外客户使用的图片浏览软件跟我们不一样，有时候无法查看图片，JPG 是国外比较常用的图片格式。

注意命名

发送附件之前，要注意文件的命名。文件命名默认是数字乱码，例如 12a23044xlsx。这样的文件会不会被客户认为是病毒？每一个附件都要重新命名，文件名中最好包含 3 个要素：内容要素、发送人、时间，例如："Price List –Lily（ABC）–180121"（价格表—ABC 公司 Lily—2018 年 1 月 21 日），一目了然，客户可以很方便地保存起来，无须重命名。这样做可以增加客户的好感度，也体现了我们的专业性。

二、添加附件和图片的建议

很多人都说第一次发开发信不要带任何附件或者图片，原因是会被邮箱系统拦截。实际上是这样吗？不一定，但是添加附件和图片还是要谨慎。本节提供以下三点建议供大家参考。

尝试添加附件和图片

针对没有交流过的新客户写的第一封开发信，要不要带附件和图片？邮件能不能发出去取决于我们使用的邮箱软件和客户使用的邮箱软件。每个邮箱软件的规定和设置都不一样。当我们想添加附件或图片的时候，不妨先将其添加到邮件中，尝试一下，看看能不能发出去。如果被退回了，那么就说明不能添加附件或图片，标注一下这个邮件地址不能发带有附件的邮件。

打好招呼

很多客户从平台上找到我们后，会要求我们给他发送报价表等资料。针对这种有过交流但未发送过邮件的客户，我们可以先跟客户打个招呼，如“邮件已发送，没有收到请告知”等。这样就不用担心了，若客户没收到邮件，我们则可以尝试其他方法来发送资料，比如使用社交网站或者在线聊天工具，WhatsApp、Skype、Facebook 都可以在线发送资料。

使用企业邮箱

公共邮箱被很多人使用，承载的邮件账号很多，难免有很多垃圾邮件，产生了很多不良记录，导致邮箱服务器的局限性很大。企业邮箱是公司自己申请的邮箱服务器，只为公司的账户提供服务。所以，建议使用企业邮箱发送开发信，使用无不良记录的邮件服务器有利于我们发送带有附件或图片的邮件。

第五节 开发信相关案例

每个外贸人都想写出一封专业且能抓住客户眼球的开发信，但这并非易事，许多人写了很多年，也不见得能写得很好。开发信的好坏与工作年限无关，与写作思路有关。本节以真实案例讲解外贸人写开发信的正确思路。

一、这封开发信不够精练

我有位做外贸的朋友叫 Linda（琳达），是做车载产品的，对于开发信的撰写总是觉得抓不住要点，开发信发出去就没有回应了。于是，她把她写的开发信发给我，询问改善的建议。

Linda 的开发信

Hi，David，（您好，大卫，）

Glad to know you are on the market for some Car HUD. This is Linda from a factory for Car HUD that projects car dashboard data（like speed，fuel consumption etc.）onto the windscreen. It is a new technology now widely used in car industry.（很高兴您在经营车载平视显示器业务，我是 Linda，来自一家车载平视显示器工厂。车载平视显示器是将汽车仪表盘数据，如速度、油耗等投射到挡风玻璃上的仪器。这是一项现已广泛应用于汽车工业的新技术。）

It divides into 2 types: OBD–II and GPS. The former one is connected by OBD–II cable line and used for cars with OBD–II socket（Euro after 2003，Asian after 2007，Japan not available）.The latter one is connected by electronic lighter charger，universal for any cars.［它分为两种类型：OBD–II（第二代车载自动诊断系统）和 GPS（全球定位系统）。前者通过 OBD–II 电缆线连接，用于带

OBD-II 插座的车型（欧洲 2003 年之后生产的汽车、亚洲 2007 年之后生产的汽车、日本汽车不可用）。后者由电子打火机充电器连接，任何汽车通用。]

Our HUD exported to many countries，its unit price ranges from $39 ~ $50 EXW Shenzhen. [我们的车载平视显示器出口许多国家，单价范围为 39 美元～ 50 美元（在深圳工厂交货）。]

All HUD has CE，RoHS，FCC and a 1 year warranty. OEM&ODM are both welcomed. [所有车载平视显示器都有 CE（欧洲合格评定）、RoHS 法规（《关于化学品注册、评估、授权和限制的法规》）、FCC（美国联邦通信委员会）认证和 1 年的保修期。OEM① 和 ODM② 生产模式都是被欢迎的。]

Could I share you more details if you are interested in?（如果您有兴趣，那么我可以告诉您更多细节吗？）

Looking forward to your reply，thanks.（期待您的回复，谢谢。）

Best Regards,（美好的祝愿，）

Linda（署名）

这封开发信的问题：第一，冗长；第二，没有亮点；第三，废话太多。

我的改善建议：简短，突出重点，介绍产品卖点，可列举具体一款或者几款产品，可以是新品也可以是促销品。公司介绍应一句话概括，最后一句可以改成“Can I share more with you ?”

第一次修改

Hi, David,（您好，大卫，）

Glad to know you are on the market for some car electronic products. This is Linda from a factory for Car.（很高兴您在经营车载平视显示器业务，我是 Linda，来自

---

① OEM：按原单位（品牌单位）委托合同进行产品开发和制造，用原单位商标，由原单位销售或经营的合作经营生产方式。

② ODM：按照委托企业要求，由公司设计并生产产品，但是不使用本公司的品牌，也不负责销售。

一家汽车用品工厂。）

HUD projects car dashboard data (speed，RPM etc.)onto the windscreen.[车载平视显示器可以将汽车仪表盘数据（速度、转速等）投影到挡风玻璃上。]

It is a new technology now widely used in car industry，because its safety，convenience and freshness bring benefits to drivers.（它是一种现在广泛应用于汽车工业的新技术，其安全性、便利性和新鲜感给驾驶者带来了好处。）

Our HUD mainly for 2 types: OBD–II&GPS，unit price ranges from $39 ~ $50 EXW Shenzhen. [我们的车载平视显示器主要有两种类型：OBD–II 和 GPS，单价范围为 39 美元 ~ 50 美元（在深圳工厂交货）。]

They all with CE，RoHS，FCC and a 1 year warranty.（他们都有 CE、RoHS 和 FCC 认证以及 1 年的保修期。）

Can I share more with you ?（我可以与您分享更多信息吗？）

Look forward to your reply，thanks.（期待您的回复，谢谢。）

Best Regards,（美好的祝愿，）

Linda（署名）

这封开发信的问题：太冗长、思路太老套。

我的改善建议：用“Hi”“How are you”“We are ... ”“Our new item is ...”“Can you tell us your idea?”几句话就可以了。客户既然是做汽车产品的，解释产品功能什么的很多余。新产品的功能可以逐条描述，以使内容显得美观。

第二次修改

Hi，David，（您好，大卫，）

How are you?（您最近过得怎么样？）

This is Linda from a manufacture for Car.（我是 Linda，来自一家汽车用品工厂。）

HUD used for dashboard display（speed，rpm etc）onto cars’ windscreen.（车

载平视显示器用于将仪表盘上显示的速度、转速等投影到汽车的挡风玻璃上。)

Can you tell us your idea?(可以告诉我们您的看法吗?)

Look forward to your reply, thanks.(期待您的回复,谢谢。)

Best Regards,(美好的祝愿,)

Linda(署名)

这封开发信的问题:这封开发信比之前的好了很多,需注意语句的衔接。

我的改善建议:“Can you tell us your idea?”与“Look forward to your reply, thanks.”意思差不多,保留一句即可。

我的修改

Hi, David,(您好,大卫,)

How are you?(您最近过得怎么样?)

This is Linda from a manufacture for Car.(我是Linda,来自一家汽车用品工厂。)

Share a good news with you : HUD is our new items.(跟您分享一个好消息:车载平视显示器是我们的新产品。)

HUD used for dashboard display (speed, rpm etc.) onto car wind screen.(车载平视显示器用于将仪表盘上显示的速度、转速等投影到汽车的挡风玻璃上。)

How about it? Can you tell us your idea ? Thanks.(您觉得这个产品如何?可以告诉我们您的想法吗?谢谢。)

Best Regards,(美好的祝愿,)

Linda(署名)

我修改之后,开发信的内容精练了许多,层次分明,条理清晰,阅读起来比较舒服。其实写开发信没有我们想象的那么复杂,也没有固定模式,只要思路清晰,言简意赅,就能写出好的开发信。

二、开发信可以这样写

如果我们想写一封开发信，应该怎么写？介绍公司、介绍自己、介绍我们有哪些优势，字数控制在一两百字左右。

虽说写开发信没有统一的标准，但开发信一定不能冗长、杂乱、无重点。我们可以借鉴外国人写的开发信（如图 4–1 所示）。

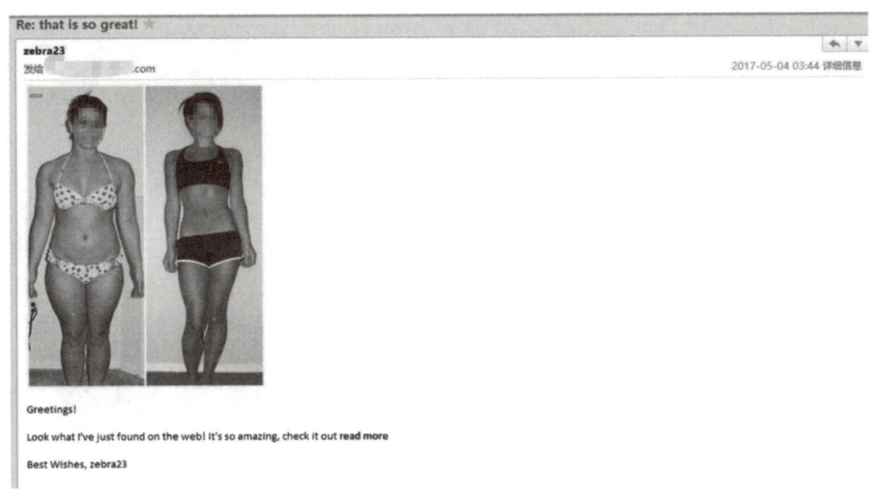
Re: that is so great!
zebra23
发给 .com
2017-05-04 03:44 详细信息

Greetings!

Look what I've just found on the web! It's so amazing, check it out read more

Best Wishes, zebra23

图 4-1　外国人写的开发信

你没有看错，这也是一封开发信。我觉得这样的开发信很好，有头、有尾、有内容。

你可能会说："什么？这也叫有内容？除去开头结尾，就只有一句话啊！"

我认为，开发信不能死板、不能冗长、不能没内容。下面，我就来讲解外国人写的这封开发信，到底有哪些地方值得借鉴。

标题：Re + 简短的感叹句

"Re"的作用是给对方制造"回信"的感觉，一个简单的感叹句，能够勾起对方的好奇心，而且对应了邮件内容。虽然这个标题不见得用得多么好，但比我们很多人用的长标题好很多。这种标题格式是我们可以借鉴的。

内容：一张图片 + 一句话

我们从开发信中看到的只是一张图片和一句话，但是它们提供了很多信息。使用图片的好处是直观、有说服力，我们看了图片就知道发邮件的人想介绍的是减肥产品。开发信中的图片是一张对比图，引人入胜，比纯文字的描述更有说服力。我认为，图片是很好的开发信内容之一，要善于把握。

这封开发信中只有简单的一句话："Look what I've just found on the web! It's so amazing，check it out..."（看看我在网站上发现了什么！太令人惊奇了，打开看看吧……）。这是一个引导句，能够勾起读信人的好奇心，使其去了解更多信息。不要小看引导句的威力，如果你体态丰腴，那么这句话应该很有诱惑力；如果你是个瘦子，那么也会想去看看他们到底还有哪些好产品可以让我变美。所以，有内容的开发信，不是平铺直叙的，而是具有引导性的。

链接：read more（阅读更多内容）

链接隐藏在文章正文中，一是可以补充正文的内容，二是使开发信看起来简洁美观。需要注意的是，有些邮箱系统会拦截带链接的邮件，所以我们需要先给自己发送一封邮件试验一下。

这封开发信中最后两句话是简单的收尾寒暄。这封开发信整体上一目了然。我们不是经常困扰，为什么客户打开了邮件却没有回信吗？可能客户打开邮件看到是一封长篇大论的开发信就直接关了。客户一天能收到几百、上千封邮件，他们根本没有时间去仔细阅读每一封邮件，即使客户有时间，也会看得很疲劳。因此，开发信的内容不是写得越多越好，关键是能不能吸引客户，勾起客户继续阅读的欲望。

很多人不喜欢在开发信里放图片和链接，担心发不出去或被对方服务器阻拦。我们可以不放图片也不放链接，将内容逐条表述清楚，突出重点，尽量做到主次分明，清晰明了。

第五章

报价技巧

如果客户对我们的产品感兴趣，

就会问：“这个东西多少钱？”

所以报价是外贸业务进程中的第一关。

这一关把握好了，才有后面的付款环节。

报价并不是简单地给出产品价格，

为了促成交易，报价也有技巧。

第一节　怎样处理询盘

询盘是什么？人们口中所说的询盘通常指国外客户通过 B2B 或 B2C 平台发给卖家的邮件。邮件内容包含客户的购买需求或者要求。那么，如何处理询盘才能得到客户的回复？

一、分析询盘并分类

询盘是客户需求的表达。分析询盘可以让我们获得更多的信息，更加明确客户表面和潜在的需求。通过分析，我们可以筛选出有质量的询盘，这有助于提高工作效率。

分析询盘的内容

收到询盘之后，我们不必着急回复，要先分析询盘的内容，判断客户的合作意向、产品交货期要求等。具体可以从以下几个方面去观察和分析。

信头的称呼

邮件开头称呼通常有两种，一种是具体姓名，如“Hello Lica”（你好，莉卡）、“Dear Peter”（亲爱的彼得）等；另一种是泛称，如“Hello Guy”（你好，伙计）、“Dear my friend”（亲爱的朋友）等。前者通常比后者更能体现买家的细致、礼貌，而后者的询盘很有可能是群发的。

产品的描述

在询盘中，客户如果提到产品的具体型号、功能、技术参数、颜色、包装等细节，则说明其很有诚意；如果客户只询问产品的价格，则表明其并没有较急切的需求。

产品的认证

如果客户提到了产品认证，则说明买家对于产品的质量有较高的要求。同时也表明，客户的销售规模可能较大，订单量不错。

产品的起订量

如果客户问了最小订单量（MOQ），通常来说，则表明这个客户的需求量不大。只有小客户才会关注起订量，担心自己的需求达不到卖家的起订要求，会在第一封询盘邮件中进行了解，若不能达到，客户就不会耗费精力往下谈。

产品的交货期

若客户在第一封询盘邮件中就问了交货期，关心交货时间的长短，则说明客户手上可能有急单，正在寻找能满足要求的供货商。

付款方式

如果客户在第一封询盘邮件中问了付款方式，则表明客户可能出现了资金方面或者付款渠道上的问题。一般情况下，只有大订单客户才会关注怎么付款更有利于订单操作的问题。小订单客户通常会先确认订单再确认付款方式。

特殊产品要求

如果客户询问产品的具体性能等参数或者特殊的要求，则说明客户有明确的需求，正在物色一家能符合要求的供应商。

信尾的署名

客户的署名当然是越详细越好，我们可以通过查看客户公司的网页大致了解这个公司的实力等信息。

将询盘分类

通过对询盘的分析，我们可以把询盘按质量优劣来分类。分类有助于管理询盘和提高工作效率。询盘可以大致分为以下几类。

目标明确的询盘

这类询盘的内容比较具体，包括产品款式、颜色、功能、包装、认证、特定的参数、交货期、订单数量等。发送这类询盘的客户有较大的购买意向，这类询盘属于优质询盘。

有潜在需求的询盘

通常，这类询盘只询问产品、公司、工厂等相关信息。发送这类询盘的客户可能当前没有实际需求，只想多收集一些信息，方便日后扩展业务。不过，当以后客户想更换供应商或者扩展产品线的时候，我们的机会就来了。

垃圾询盘

这类询盘一般都是长篇大论地介绍他们的公司或者产品优势，很笼统地表明需要的产品类型，以及想跟你合作之类的，但很少提及产品的要求。这类询盘基本可以被认定为垃圾询盘。这类询盘无非是想骗我们点击询盘中的链接，以便获取我们的账号和密码，或者假借合作之名骗取免费样品。此类询盘毫无价值，让人避之不及。

二、分析和分类客户信息

只有有的放矢才能提高命中的概率。我们在回复询盘之前，需要分析客户信息并对其进行分类，针对不同的客户要有不同的侧重点。

分析客户信息

分析客户信息无疑是对我们有利的，也是每一个业务员应该做的。那么，我们要从哪些方面分析呢？大家可以参考以下几点。

（1）分析公司名称、公司网站：大致了解客户的经营规模，初步判断客户的采购产品类型以及采购量。

（2）了解客户所在国家或地区的居民收入水平、生活习惯和风土人情：大致定位客户采购产品的档位。

（3）了解客户所在国家或地区的政策：大致判断客户采购需求的未来走向。

将客户分类

大客户与小客户关心的地方不一样，打工的人与当老板的人的出发点也不同。客户的身份不同，在谈生意时的关注点就不同，对订单的决策能力也不同。由此，我们可以将客户分为以下几类。

零售商

零售商也称个体商，是规模较小的客户，一般订单较小，但下单频率快、要货急，在质量符合要求的前提下，主要关注价格和交货期。他们一般不会太关注卖家的实力有多强、公司有多大，只要产品质量合格，彼此沟通顺畅，一般下单速度都很快且下单频率高。目前，各大 B2B 或 B2C 平台上的客户大多数属于这一类型。

经销商

经销商也称贸易商，在商品从购入到卖出的过程中只负责将商品“转手”，他们关心的是差价而不是实际的价格。所以，他们对生产商的价格敏感，压价也是最厉害的。为了熟悉中国市场的规则，掌握行情和价格，很多经销商会在中国设立办事处。这类客户是最难搞定的，他们会货比三家，对市场行情和价格都能精准把握。遇到这类客户，若我们不够专业或价格不够合理，就很难成交。

批发商

批发商也称分销商，是指从生产商处大量、分批进货，然后将商品批量卖给下一级需求者如零售商的商家。批发商的特点是只批发，不提供零售服务，且出售的商品的价格比市面上的低。同时，他们也可能跟政府合作或者跟非本行业的大企业合作。很多批发商会要求采用 OEM 生产模式，将生产出来的产品贴上他们的品牌并在当地售卖。一般来说，他们不会特别在意价格，但很注重产品品质，关心生产商的研发能力、工厂规模、质量标准、产品认证、售后服务等。如果我们能遇到这样的客户，那么要好好珍惜，他们能带来大订单。

商场及超市

在客户类别中，商场及超市是特别的群体。他们可能向当地的批发商进货也可能直接与生产商合作，但其会将商品直接售卖给终端消费者。他们销售的产品多而杂，对质量和价格的要求也参差不齐。类似于沃尔玛、家乐福这样的连锁超市，一般订单量大，合作周期较长。

三、合理回复询盘

在了解客户并分析了询盘的前提下，我们在回复询盘时就会有的放矢。为了增加客户回复邮件的概率，我们要注意以下三个方面。

时间越短越好

回复询盘的时间有一个基本原则，那就是“越短越好”。当然，这要在保证回复的内容完整无误的前提下进行。在收到询盘的当天一定要回复，尤其是在阿里巴巴平台上收到的询盘。有些买家会将询盘设置成“12 小时后自动匹配给其他卖家”，所以，我们要尽量抓住每一个来之不易的询盘。如果我们对询盘信息有把握，则不妨快速给客户回复，原因是此时客户可能还没有别的选择。若过一两小时再回复，那么，可能客户已经睡觉了或者忙其他的事情去了，这在一定程度上会影响我们的工作效率。如果我们对询盘信息没有完全的把握，则应该在分析询盘和分析客户之后再回复，时效很重要，但是保证回复询盘的准确率也很重要。

我们也可以根据不同国家所在的不同时区来分别回复询盘。通常，在客户的工作时间的早晨给他回复是最好的。很多客户跟我们一样，会在早晨刚到单位的时候处理前一天的邮件。例如，欧洲与中国的时间相差 7 小时，他们早上 9 点时，我们是下午 4 点，那么，我们就可以在中国时间下午 4 点左右给欧洲客户发送邮件。当然，有些客户有晚上睡觉前看邮件的习惯，比如美国客户，他们也清楚我们的上班时间，他们的晚上刚好是我们的早上，所以我们可以在早上给美国客户发邮件。配合各个国家的时间表，分别回复询盘，可以提高我们的工作效率。

内容答即所问

回复询盘也有个基本原则——“答即所问”，意思就是回复询盘里的所有问题。可能很多业务员并没有意识到这个问题的重要性，他们在回复询盘时总是不停地介绍自己，或者反问客户一些问题，试图获取更多信息，而忽略了回复询盘的最主要工作是“回复”。客户发来询盘是想了解更多的产品信息，如果我们忽略了询盘中提到的问题，客户得不到他想要的信息，那么，通常就没有下文了。回复询盘时只有答即所问，才能和客户有效沟通，只问不答没下文，只答不问没回复。回复询盘时要先答后问，即先解决客户的问题，再提出问题以了解更多关于客户的信息。

回复询盘的邮件，除了要回答客户的问题，还需要具有点睛作用的主题、礼貌的问候语、突出的产品卖点，要体现我们的专业度及我们与客户合作的诚意。回复询盘的邮件要清楚、简洁、礼貌。

格式规整全面

只针对我们公司或产品的询盘，通常表明客户的合作意向较高，因此我们要认真对待，进行一对一的回复。群发的询盘，有时间的话，我们也可以一对一地回复，如果没时间，则可以使用模板回复。无论使用哪种方式回复询盘，邮件都需要有规整的格式、完整而详细的联系方式和公司信息，让客户在第一时间了解并关注我们。

四、适度跟进询盘

跟进询盘是外贸工作中很重要的一环，一方面可以让客户知道我们对他很重视，并且想要寻求进一步的沟通，另一方面，也可以让客户对我们留有印象。所以，跟进询盘是业务员必不可少的工作之一。然而，大部分人在回复询盘之后就开始等待客户的回复。这个过程是煎熬的、漫长的。很多人不知道的是，我们也可以选择不等待，而是主动跟进询盘。

跟进节奏

通常，我们在回复询盘的第二天若没有收到回复，便可发一封邮件询问客户是否收到邮件、遇到了什么问题、需要我们配合哪些工作。跟进询盘的间隔时间一般是 1 天、3 天、5 天、7 天、15 天、30 天。间隔太密或太松都可能影响客户的回复。间隔时间太短，客户会厌烦，甚至把我们拉黑，那我们就再也没有机会了；间隔时间太长，客户会忘记我们是谁，以及我们跟他沟通过什么，一切又要重新开始，费时费力。

平和心态

大部分人在一两次热切的跟进但无果之后会急躁，开始怀疑和抱怨："为什么我这么努力却得不到回复？""是不是客户根本不想跟我们合作？"我们应该清楚，客户不回复邮件是非常正常的事情，我们要把心态放平，继续跟进。当别人都陆续放弃跟进的时候，客户收到了我们的来信，那么，我们的机会就来了。

寻找原因

得不到回复的原因太多了，可能是我们的邮件包含了不合规内容，被邮箱拦截了，也可能是客户对我们的回复不满意，又或者是客户目前还没有下单的意向。所以，我们需要主动寻找原因，把我们能想到的障碍解除。

跟进内容

跟进询盘并不是一味地询问客户不回复的原因，也不是发送一成不变的内容，而是要不断变换角度去分析客户的需求，告知客户我们能给他带去利益。当我们询问无果时，就要改变跟进的方向，比如：我们猜测客户喜欢质量好的产品，那么，就可以推荐一些质量有保障的产品；认为客户更在意价格，则可以推荐价格较低的产品；感受到了客户在资金方面的困难，则可以给他提供更利于他的付款方式。只要我们不断地分析和向客户提供信息，客户总有一天会回复的。

第二节 怎样制作报价单

报价单是外贸业务中必不可少的谈判工具，也是展现公司实力以及产品样式的文件证明。报价单是商业文件，它作为供应商给客户的报价载体，经常被用于回复客户的询盘。所以，报价单作为价格谈判的媒介，它的意义已经远远超越其字面含义，间接关系到客户对业务员以及其所在公司的专业度的评价，对业务员及其所在公司都有着深刻的影响，是供应商——卖家“发声”的工具。

一、报价单的内容

一份完整的报价单的内容包括报价单的头部、主体和尾部。这几个部分展示的内容和作用都不一样。

报价单的头部

报价单的头部也称报价单的抬头，用于展示公司的基本信息，包括公司的名称、标识（LOGO）、地址、电话、邮箱、联系人等。建议在报价单的头部加上公司的LOGO，它是一个公司形象的代表，也是卖家专业度的体现。客户每天会收到几十甚至上百封报价单，甚至有些中间商还会把供应商的报价单拿给他的客户看，LOGO可以加深买家对公司的印象，也会给报价单整体的专业度加分。

产品的主体

产品基本信息是报价单的主体。为了排版的美观，产品基本信息通常只包括产品名称或型号、产品图片、产品规格参数（材料、形状、大小、重量、尺寸、颜色等）、价格条款（EXW 等）、数量条款、支付条款这 6 个方面。这 6 个方面的信息是最基本的，少了哪一个都会使报价单显得不专业。

报价单的尾部

报价单的尾部一般是公司产品的打样费用、打样时间、交货期、运输方式、交易条例、付款方式、装箱量等情况的补充说明。特别要强调的是，应当给报价单加上有效期，这一点经常被忽略。产品的价格会受原材料价格、人工费用等很多因素的影响，为了防止在价格上处于被动，我们要在报价单中加入“有效期”这一项。

二、报价单的分类方法

通常，我们都会整理一份总的报价单，也就是把所有产品的价格放在一起。如果想把报价单做得更细致，我们可以按照产品不同的定位、公司不同的营销计划、产品不同的类别将报价单分类。有人认为我们可以把所有产品放在一起，在总报价单中分类展示，这样做也不是不行，但是为不同类别的产品分别制作报价单的效果更好。

根据产品定位分类

公司产品的定位不可能都相同。有的产品是高档的，有的是低价的，有的是性价比高的……产品的定位不同，面向的客户群体就不同。

根据营销策略分类

营销是具有目的性和时效性的，如果我们把产品按营销策略分类，那么，营销效果会更好。根据公司的营销策略，产品有节日促销套装、高低结合的产品套装、买一送一的产品套装等，可以根据不同的营销策略，制作不同的产品报价单。

根据产品类别分类

我们可以根据产品的性能对报价单进行分类，比如具有防水、防爆、省电、安全等不同性能的产品的报价单。报价单分得越细致越能受到客户青睐。

必须对产品进行分类，对不同的产品分别制作报价单会给自己加分。如果在很多客户没有完全了解我们的时候，我们把所有产品的信息都发了过去，我们就没有神秘感了。“我已经拿到了所有的产品信息，有需要我会联系你”的情况会让我们很被动。所以，当客户索要报价单的时候，我们可以把某个类别的产品报价单发过去，并告知客户，“若有更多需求请回信告知，我将为您提供更多的产品报价单”。有时，客户会直截了当地索要总报价单，遇到这种情况，我们可以回复，“我们没有总报价单，您可以告诉我们您的需求，我们会在帮您筛选之后提供更细致的报价单”。如果客户真的有具体需求，则会在这个时候表达出来；如果客户没有具体需求，只是为了收集报价，我们则可以陆续地将不同的报价单发送给他。

三、制作报价单应该注意的问题

除了以上介绍的内容外，制作报价单还有一些需要注意的细节。细节虽然不能完全决定订单成交与否，但确实能对其产生影响。我们在制作报价单时考虑得越周全，越能提高成功的概率。

对客户的尊重

在报价单的抬头前面加上“To 客户姓名”，表明这个报价单是专门给他做的，体现我们对客户的尊重。

回应客户问题

如果客户在询盘中告知了具体需求，那么报价单除了以上基本内容外，还要加上客户的特殊需求或关注点，重要的地方可以用其他颜色标注。能写在报价单中的内容最好写在报价单中，而不是放在邮件正文，这样可以增加报价单的可读性。

内容排版

尽可能地使报价单看上去美观，避免使用太多颜色和字体，分段要清晰，配图的大小要一致。

报价单的格式

报价单通常使用Excel表格制作，但我们在发送给客户的时候应该将其转换成PDF格式，防止客户因使用的软件跟我们不一样而打不开报价单的情况发生。PDF格式的文件无法修改，但有时候，为了方便跟客户沟通，我们可以准备两份报价单，一份PDF格式的，作为权威的商业文件，一份Excel格式的，方便客户标注需求。价格条款和付款条件等重要信息皆以PDF文件为准，Excel格式的报价单只作为沟通载体，方便与客户对接。

报价单没有模板

报价单的制作风格因人而异，只要含有报价单应该含有的基本内容即是合格的报价单。报价单没有固定模式，因此没有模板可循。我们有时候可以把自己的想法加进去。例如，我见过一个业务员，在越南地震的时候，在发送给越南客户的报价单中加了一张图片，图片是越南的国旗，图片上附了一句越南语，大概意思是“不惧灾难，越南加油！”不久，这个业务员就收到了这个越南客户的订单，原因是那张图片让客户印象深刻而且非常感动。所以，用心制作的报价单就是好的报价单。

最好提供英文报价单

很多人因为考虑到客户英语不好，所以会在报价单上添加客户本国语言的翻译。如果我们的小语种能力不错，能够用它准确表达报价单的内容，那么加上客户本国语言的翻译是可以给自己加分的，但如果我们不能够准确使用该国语言进行表达，要借助其他翻译工具，那么就不必多此一举，只提供英语报价单即可。原因是，盲目添加自己不熟悉的语言不仅会使报价单显得杂乱无章，而且可能引起误解，毕竟翻译软件翻译得并不专业。在通常情况下，客户即便英语不好也能看懂英文报价单，英文报价单中大多是专业术语，客户是可以看明白的，我们没必要过于担心。

第三节　如何提高报价的成功率

在外贸业务中，有的人报价之后，得到了客户的礼貌回应，而且能在短时间内迅速成交订单，但更多的人报价的邮件却石沉大海。众所周知，价格是很敏感的因素，投其所好的报价才能赢得客户的青睐。那么，怎样报价才能增大成交订单的概率？

一、报价应该注意的问题

大多数情况下，我们一接到询盘，就马上开始报价，没有注意细节。然而，这些不被重视的细节往往影响了我们报价的效果。因此，很多问题必须引起重视。

盲目报价

前文提到，询盘有很多种，我们要分析客户及其询盘才能进行报价，切勿盲目报价，尤其是质量不错的询盘。分析的内容包括客户是什么类型的、我们是否能满足他的要求、什么样的产品及报价是客户想要的等。这种有针对性的报价一般都能达到不错的效果。

仓促或延迟报价

在若干封开发信中，或者在众多竞争者中，能被客户注意到并发来询价邮件是非常让人振奋的事情。不过，激动归激动，节奏不能乱。切忌在没有了解清楚客户的需求或者在不确定报价的情况下仓促报价。仓促报价会引发更多的问题，比如价格报低了自己遭受损失、价格报高了吓走客户、价格报错了难以挽回等，有害无益。如果我们不在意客户的询价，散漫对待，延迟报价，那么，客户可能早就和我们的竞争对手成交了，我们白白放弃了机会，这种行为更应该杜绝。

敷衍报价

当收到的客户回复超出了询价的范畴时，很多人开始消极对待客户的询价。例如，客户问了很多问题，业务员却只草草回复了事，或者客户问产品价格，业务员只报一个价格，然而客户实际想要了解的不仅是一个简单的价格，而且想知道更多，比如报价的有效期、交货期、包装方式、不同的订单量对应的产品价格是否一样等。有些客户更希望业务员在报价时附带一些产品图片、材质报告等。越细致的报价越能赢得客户的好感。

报价不清楚

很多人会问，以上三点我都做得很好，我分析了客户而且认真地进行了回复，为什么还是没有收到客户的回复？除了以上三个需要注意的问题外，还有一点，那就是切勿答非所问，这与业务员的专业度有关。业务员对待询价的态度自然重要，但是硬性的专业知识储备更重要，客户问东，你回答西，自然就不会得到回复。报价不清楚，没有回答到点子上，客户没看到他想要的答案，就不会回复。这方面的能力需要业务员慢慢积累，而且必须引起重视。

报价后不跟进

很多人以为报价之后只要坐等客户回复就行了，然而，报价邮件却经常石沉大海。客户不回复邮件其实有很多原因，有时候是客户没收到报价，比如邮件被归为垃圾邮件；有时候是价格没有达到客户的要求，客户觉得没必要回复；

有时候是客户收到的报价太多，来不及看；有时候甚至是客户误删了报价邮件。针对诸如此类的问题，我们一定要借助在线聊天工具或者电话、传真联系客户，及时地跟踪每个报价，让每个报价利益最大化。

二、报价的技巧

只要我们足够细心，善于总结经验，任何棘手的问题都能找到可以化解或者攻破的方法。对于报价来说也是一样。

客户出价

在贸易谈判中，谁先出价谁就会处于被动。因此，我们要尽量让客户先出价，可以询问客户的目标价格是多少，然后根据此价格给客户推荐产品。通常，有诚意的客户都会提供他们的预期价格。知道了客户的心理价位，我们就能有的放矢地进行报价了。

模糊报价

客户先出价固然对我们有利，但是有些客户非常讲究策略，硬是让我们先报价。如果先报价，我们就难以了解什么样的报价有利于我们，但为了表示尊重和表现我们的态度，我们又必须先报价，此时，我们该怎样报价呢？因为我们不知道客户的心理价位，所以我们只能模糊报价，也就是报一个价格区间，然后根据客户的反应进行下一步谈判。这样的好处就在于，没有一下子把价格说死，给双方留下了协商的余地。

试探报价

客户让我们先报价，但我们并不知道客户到底需要什么价位的产品，那么，我们不妨通过了解客户的身份去试探性地报价。例如，客户是中间商，可能比较喜欢利差大的产品，那么我们可以推荐一些性能好但价格低的产品。就算客户不是中间商，是经销商或者零售商，他们对高性价比的产品通常也是感兴趣的。因此，这样报价也属于保守报价。如果我们发现客户不是中间商，而是经销商，那么品质对于他们来说更重要，可以报一些高质量产品的价格给其参考。尽管如此，我们也只能猜测客户的心理价位，试探性地报价，不能因为我们分析了客户身份就认为客户想要的一定是这样的产品，把价格说死的方式是不可取的。

分层次报价

当我们既不知道客户的心理价位，又不能通过其他渠道了解更多的客户信息时，我们会很被动。为了能够与客户有进一步的沟通，我们只能选择分层次报价，即分高、中、低 3 个层次进行报价，而且每个层次报的都是价格区间。不管是什么类型的客户，高、中、低 3 个价位中总有一个能满足他们对价格的要求。报价之后要进行跟进，进一步了解客户的需求。

非整数报价

非整数报价的意思是给价格留尾数，如 9.88 元，或者采用 10 元 3 双这样的报价方式。非整数报价利用了人们对数字理解的主观心理，通常能达到较好的效果。

第四节　报错价格怎么办

由于不熟悉产品价格、不确定客户需求等原因，我们每个人都有报错价格的时候。报错价格的情况有两种，一种是报价比合理价格高，一种是报价比合理价格低。出现这样的情况，我们该如何应对？

一、错报高价的应对策略

错报高价的情况有以下几种：

（1）成熟且竞争力强的产品一般报价都不能太高，生产技术的提升会使生产成本有所下降，如果产品价格一直不变的话，就会造成价格报高的结果。不同的客户有不同的心理预期价格，报价一旦高出太多，基本不会有进展。

（2）不了解市场、成本的变化，不清楚客户的心理价位，为了获得高利润，故意抬高价格，超出了客户的承受能力，也是错报高价的一种。

错报高价的情况只要用心是可以避免的，但如果真地把价格报高了怎么办？下面教大家三个步骤，挽救即将失去的订单。

第一步：等待、观察

当我们发现报价偏高时，是不是要马上补发一封邮件跟客户说价格报高了？答案是不要。如果我们在客户未作回应时就承认报错价格，那么客户会觉得我们不专业。另外，客户可能根本没有觉得价格高出他的心理预期，如果我们先承认价格报高，那么原本可以赚到的高利润就没有了。

所以，我们应该先等待、观察，客户有意向合作，会询问价格为什么这么高，此时，我们再找个合适的理由把价格降低到合理价位就可能促成交易。如果等待了一段时间（等待的时间不宜过长，隔一天比较合适）后没有得到客户的回应，那么有可能是因为客户觉得价格高不想回复，此时我们要发邮件主动说明自己的价格报高了，以寻找进一步沟通的机会。

第二步：解释说明

不管我们因为什么报高了价格，都会给客户一个不专业、不仔细的印象。客户并不想听任何解释，所有的解释在客户看来都只不过是借口。然而，为了表示对客户的尊重，我们必须做出回应。因此，对于原因的解释不需要很详细，一句话概括就可以了，太长反而会引起客户的反感。

第三步：提出解决方案

客户不想听原因，只想知道你怎么解决。解决的办法当然是降价，但是我们即使降价也要降得有尊严，可以说：“因为我们的疏忽，之前给您报的价格偏高，这次我们认真进行了核算，给出了相对合理的价格供您参考。有问题，请您及时提出，我们会尽量配合您的要求。”

二、错报低价的应对策略

错报低价的大部分原因是业务员在不熟悉产品价格的情况下仓促报价。相对于错报高价，错报低价更难处理，但也不是没有挽救的余地。

尽量寻找加价的理由

如果在我们已经发送给客户的报价中没有附加条件，如付款方式、交货方式或者报价单有效期，那么我们可以从这些附加条件入手。当我们发现已经发送的报价单中的价格报低了，必须快速补发一封邮件，内容可以是，“忘了跟您说，上一封邮件的产品价格是电汇预付 100%（100% T/T advanced）货款的价格，如果使用信用证付款，则价格更高”。可以找个理由加价，这个理由要有利于我们。这样做的结果只有两个，一个是客户知难而退，另一个是客户接受了我们的条件，同意合作。如果觉得还是有利可图，那么我们就不能轻易放弃机会，哪怕赚得少一点。

道歉并提出加价方案

如果我们报低了价格，又没有合适的理由加价，想要挽留客户就只能解释、道歉，坦诚地说明自己的失误，请求获得客户的谅解。很多人认为，向客户承认报错了价格是不是显得自己很不专业？是的，报错价格就已经证明我们不专业了，但千万不要为了掩饰自己的不专业而找很多借口。客户在商场上身经百战，他会察觉我们报低了价格，只有诚挚地道歉才能获得客户的理解，而一味地推脱只会让客户与我们渐行渐远。诚信是一个企业长远发展的基础，千万不要为了面子丢了信誉。虽然客户对我们表示理解，但客户被加价，内心肯定不愉快，我们可以提供适当的优惠，安抚客户情绪。

接单，不赚利润赚客户

在不亏本的前提下，如果客户的待开发性较高，我们则可以考虑接下这单，不赚钱而先拿下客户。我们看中的不是一时的利益，而是长远的发展，一个客户资源往往比眼前的一两个订单更值得我们珍惜。在实际工作中，有很多公司也是这么做的，关键是要留住客户的订单资源，有客户才有订单。然而，如果这个订单是亏本的，则应该慎重考虑。

接受低价并与客户协商

坦诚地说明我们报错了价格但可以接受已经报出的低价，只不过需要加一些附加条件，如订单量加一倍等。很多人因为怕失去订单，对客户毕恭毕敬甚至唯唯诺诺，所以导致自己很被动。经商的首要目的是盈利，至少不能亏本，客户是商人，他们知道这个道理，客户同时也是人，人都有犯错的时候，我们可以不卑不亢地表达自己的观点，拿出勇气维护自己的利益，与客户协商，希望客户理解并且做出让步。只要客户同意协商，我们就还有机会。

第五节　如何应对客户压价

谁不想用最少的钱买最多的东西？在外贸中，客户压价的情况屡见不鲜，基本每个业务员都会本能地抵制客户的压价行为，但最后大多数人还是向客户妥协了。妥协也好，坚持也罢，都是谈判的结果。因此，我们应该知道客户为什么压价，而我们又该如何应对。

一、客户压价的理由及应对方法

外贸行业有句话叫“不会压价的客户不是真客户”，意思是真心实意想购买产品的客户都会压价，只是压价的程度不一样而已。客户是为了更多的利益而压价，那么他们压价的理由都有哪些呢？

价格高

当客户说价格高时，我们不应立刻还价，而是要了解客户的实力，看其是不是能够承受我们的价格。客户如果能承受，为什么还觉得我们的报价高？此时，我们需要认真了解市场上的价格行情，分析我们的价格是不是过高。毕竟没有哪个客户愿意多花钱买一样的东西。

在这种情况下，我们应该降价，但是如果我们很难降价，则可以选择给客户推荐别的产品，或者以增加订单量为条件来降价。

同行竞争

在与中国商家合作之后，外国客户深得“货比三家”的购物精髓，他们会收集很多价格信息，最后综合考虑选择哪个合作伙伴。所以，客户用我们同行的价格来压价也就不足为奇了。

在一定程度上，压价并不是坏事，至少说明我们的产品在客户的考虑范围之内。通常他们会告知我们同行的价格更低，问我们能不能降价，这个时候我们不能盲目地相信客户所说的，要侧面了解竞争对手是不是真的能提供这么低的价格。很多客户并不会告知我们是哪个竞争对手，我们只能跟客户求证，但是我们不能明确地表现出对客户的怀疑，这样容易引起客户的反感，我们应该试探性询问，“据了解，我们的价格已经很优惠了，您所提供的这家公司的价格对应的产品质量是不是没有我们的好？”如果客户说的是真的，那么他会对我们的怀疑感到气愤，我们需要考虑要不要降价；如果客户反应没有那么强烈，只是一味地说明竞争者真的可以给出这么低的价格，那么我们可以积极地回应客户，“我们相信我们的产品品质，现在的价格是比较优惠的，但是为了我们能进一步合作，我们愿意给您提供一些优惠，您看如何？”其实，有时候客户只是在诈我们，喜欢拿同行的价格来压价，我们并不一定要让步。如果同行的价格真的这么低，客户为什么不跟他们下单，还要来跟我们谈价格？这说明我们是有利可图的，因此不要轻易降价。

利润太少

在国际贸易中，我们会遇到很多类型的客户，其中一种是中间商，他们看重利差，没有最终的定价权。因此，他们会不停地砍价，即使之前谈好的价格现在也可能推翻，因为他们的客户跟他压价，所以他就来跟我们压价。中间商是被动的，作为他的供应商的我们更被动，难以顺应他们的变化。

在这种情况下，我们只能尽量满足客户的需求。实在满足不了或没有利润，双方都不可能成交。

爱占便宜

不同区域的客户的性格不同，比如经济不发达地区的客户喜欢占便宜、喜欢压价，希望产品越便宜越好，甚至会无止境地压价。

面对这样的客户，我们更应该坚守价格底线，不能为了成交订单而一味降价。有时候，我们勇敢地拒绝客户的压价，反而有意想不到的效果。拒绝或不妥协的举动会让客户认为我们已经将价格降到了最低，而不会再压价。

心理因素

压价已经成为生意人的条件反射，所以，他们在买东西的时候不压价的话总觉得自己吃亏了。此时，通常只要象征性地降价，就能促使订单成交。

二、五种变相降价法

价格是国际贸易中尤其重要但却特别敏感的元素，因此能合理地把控价格，就能事半功倍。怎样降价才能让效果更大化？

赠送

在大多数情况下，公司不允许我们把产品价格压得太低，尤其是新产品，公司担心价格卖低了会引起同行之间的恶性竞争。然而，客户又对价格很敏感。为了拿下订单，我们可以这样处理：客户采购某产品100件，我们送5件，假设一件产品定价10美元，则实际约合9.5美元，相当于每件降了0.5美元。这样做，客户购买的产品单价不变，但实际上却享受到了价格优惠。

返还

遇到特别在意价格的客户，我们可以这样处理：如果客户下单，我们将给予300美元的优惠，分5次（即5个订单）返还，一次返还60美元。客户一般都喜欢占小便宜，所以我们这么说，客户会比较乐于接受。这样处理很容易说服客户接受我们的价格，如果我们的服务和产品让客户满意，那后面的4个订单就是水到渠成的了。做完这5个订单，客户就成为我们的老客户了，信任度增加，从长远来看，我们只赚不赔。有时候客户甚至反而会感谢你给予这样的优惠，原因是大部分公司没有这种优惠。

直降

大客户的销量一般都很大，上文提到的300美元分5次返还这样的优惠措施对其显然没有吸引力。所以，在面对大客户时，我们可以这样处理：订购量大于1 000件，每件产品9美元；订购量大于3 000件，每件产品8美元；订购量大于5 000件，每件产品7美元。这种阶梯式的大幅度降价，能让客户享受到真正的优惠。

回馈

老客户是公司的支点，所以适时适当地犒劳老客户很有必要。每个公司必然有库存，对于库存有很多种清理方式，最直接的就是降价处理。除此之外，还有一种更能使产品增值的方式，那就是将其赠送给一些老客户。在公司允许的情况下，可以将库存表发给老客户，表明“随便选，我们可以送你10件”。如果我是客户，一定很开心，毕竟产品是免费的，还能随便选，岂不乐哉？给予客户好的体验能带来更多订单。

尽管是库存产品，但我们不要明说，否则会让客户以为赠送给他的是卖不出去的东西，给客户留下不好的印象。我们可以直接说是我们为了回馈老客户，免费送的。

活动

例如公司举办周年庆活动，告知客户有促销商品，并且感谢客户长久以来的信任和支持。一听到促销，很多人就会认为是清仓促销，或者是将销量不好的产品拿来促销。所以，我们要在促销的产品里放一款到两款热销产品，这样才能吸引一些新客户，争取更多订单。这样做，一方面是给老客户提供福利，一方面可以吸引一些新客户，少赚利润，多积攒客户资源。

面对客户的讨价还价，直接降价是最没有价值的操作方式。你这样做，客户不但不会感激，还会认为你还有利润空间，会一再压价。以上五种变相降价的方式若运用得当，能帮助我们拿下更多的订单。

第六节 报价相关案例

怎么报价、什么时候报价都有讲究。价格报高了成交不了，报低了自己没利润，报得不及时客户跑了……诸如此类的问题常常出现。我选取了以下两个真实案例，大家一起来看看他们的问题应该如何解决。

一、供应商嫌报价太多、成单率低

案例 5–1 外贸人 Anna（安娜）的困扰

我应该好好跟进客户，而不是浪费太多时间在报价上。之前我收到过很多阿里巴巴国际站的公共询盘（RFQ），也不乏客户发来询盘邮件。一开始我都会让采购员认真报价，后来给我发来报价的供应商越来越多，有时我琐事太多，就会忘记回复邮件，渐渐地供应商们都不给我报价了。我知道我要努力跟进客户，可是供应商的报价也不能不管。现在我都不知道该怎么面对那些给我报过好多次价格却一次都没成交过的供应商了。

沟通是一门技巧。一般情况下，我们的价格来源有以下几种。

（1）公司报价表；

（2）老板报价；

（3）供应商报价；

（4）自己收集（同行或者客户反馈）。

在 Anna 的案例中，她的价格来源是供应商。我的建议是直接让供应商发报价单。如果供应商没有报价单怎么办？有些供应商比较散漫，根本没做报价单，我们也不能每个产品都单独询问一遍，而且不能在没有确定客户意向的情况下贸然和供应商讨价还价。为什么？因为如果你最后没有下订单，供应商陪着你折腾了一圈，则会认为你浪费了他的时间，而且会觉得你只是来问价格的，订单早就下给了别人，或者，他们会怀疑你的能力，认为你拿不下订单，久而久之自然就不愿意给你报价了。

当客户问某款产品时，如果我们不知道价格，那么，我们可以找多家供应商询价。需要注意的是，我们只是问报价，不要谈论太多细节，更不要一上来就砍价，问到价格后报给客户，先看看客户的反应。根据客户的反应，分析客户对这个价格是满意的，还是嫌高，若是客户觉得价格太高，我们则应该询问客户的目标价格，然后根据供应商报价的高低来给客户挑选合适的供应商。等客户确定购买意向之后，在可能成交的情况下，再去跟供应商探讨价格的事情。对于客户，我们必须给予其充足的选项，价格高的和低的产品都应该有；对于供应商，我们要在确定了客户的购买意向之后再去跟供应商谈价格。在客户和供应商之间，我们不能做一个被动的传话人，而是要做一个灵活的协调者。

如果最后客户没有下单怎么办？那也没有关系，我们可以跟供应商这样说，“你们的价格客户需要考虑一下，我们可以保持联系，你们的产品可以推荐给我，如果有客户需要，我会联系你们”。这样说，供应商会理解我们，而且我们也能继续收集价格信息，当作备用。而且，这样的表达能加深我们和供应商的感情，给对方留下良好的印象，对彼此都有好处。

客户和供应商哪个更重要？这个问题的答案因人而异。有人可能觉得客户更重要，有客户才有订单。如果我们是工厂，那么客户便是一切；如果我们是贸易商，经常找供应商合作，那么一个靠谱的供应商何其重要，与供应商配合得好不好是我们能不能把握住客户、拿到订单的关键，所以善待供应商，赢得他们的信任，他们才能尽心尽力地配合我们。“共赢”不仅是我们与客户共同的目标，也是我们与供应商的约定。

二、误发成本价格单怎么办

案例 5-2　误发成本价格单的 Cindy（辛迪）

最近，公司统一更新了产品的成本价格单。有一个很有下单意向的客户的询价邮件我已经拖了一周没回复了，所以公司一更新成本价，我就赶紧做报价单。我在成本价的基础上加上利润更新了报价单，准备发给客户。我忙中出错，更新后的表格忘记点击保存，也没有关闭，直接点右键将其添加到了邮件的附件中，结果给客户发过去的是成本价格单。我顿时蒙了，不知道该怎么办。这种情况该怎么跟客户继续谈下去？

双赢才是合作的根本，哪怕发错了报价，也有改正的机会。我们应该明白，客户并不知道这个表上的价格是成本价。所以，当我们误发成本价给客户的时候，吓到的只有我们自己，而客户只会觉得这么低的报价不正常。

对于 Cindy 的情况，我们应该这样做：

第一，我们不要承认那是成本价，避免有的客户用它来压价。我们不说，客户无法得知那就是成本价，他们只会觉得这个报价很低。

第二，当发现自己发错了报价，我们应当立马追加一份正确的报价单给客户，并且说明上一封邮件里的报价是多年以前的，忘记了更正，现在发的才是正确的，请客户谅解。客户如果有诚意，看到我们后发的报价才是他认为的“正常报价”，那合作就不会受到影响。哪怕有的客户真的以此为由压价，那我们也可以以适当给些优惠的形式促成合作。如果客户咬着成本价不放，要求以成本价成交，那么我们可以这样说：“这个报价是错误的，未及时更正，很抱歉造成误解，但我们无法提供这个价格，原因是没有利润。合作在于双赢，亏本的生意我们做不了，希望您能理解。”诚恳地指出问题，有诚意的客户不会继续刁难，有时候他们只是本能地想要压低价格，但是当我们说明情况后，他们就会明白，甚至觉得自己赚到了，订单依然会成交。

所以，即使误发成本价格单也不要慌张，我们还有机会引导客户成交。

第六章

外贸谈判技巧

沟通是一门艺术，也是一门学问。

与客户沟通的好与坏影响着业务员的业绩。

如果业务员在与客户沟通的过程中能够掌握技巧的话，

则会让谈判过程顺畅很多，

也能给客户带来良好的购物体验，更容易获得订单。

第一节 怎样有效地引导客户

一个优秀的业务员能够把控沟通的走向，甚至能够让沟通的结果跟着业务员的预想发展。在引导客户的过程中，把握好以下五个关键词，就能做到事半功倍。

一、当真

当真的意思是我们需要先把自己“催眠”。有一种心理作用叫情绪引导，指的是我们只有对自己的产品或者价格有信心，才能感染客户。

二、询问

一般情况下，询问的人占有主动权。询问不是漫无目的地瞎问，而是根据客户的需求来问。收到询盘，问问客户的具体需求，比如对价格的要求、需要的产品数量、有没有特殊工艺、交货期要求、付款方式等。通过询问来进一步获取客户的信息。

三、建议

当价格谈不拢时，我们应该怎么办？告诉客户“我们领导说了，这是最低价，不能再降了”，双方的合作暂停，无法向下推进？这样做显然不恰当。这时，我们应该给客户一些建议，比如“如果你们的订单量增加 100 套，那么我们可以提供5%的优惠”，或者“这个价格没有问题，不过需要你们电汇预付100%货款”，还可以说“这个价格实在令我很为难，要不这样吧，我们用另一种工艺来降低成本，您先看看样品如何”。建议是化解问题的润滑剂，也是把客户握在手中的利器。

四、解决

沟通有时候并不是一帆风顺的，出现问题的时候我们需要积极解决。例如，一批货出现了问题，我们要在第一时间做出反应，抢在客户之前提出解决方案。为什么呢？一是因为我们自己提出的解决方案肯定有利于我们自己，二是客户对于积极的回应会颇有好感，兴许会做出让步。出现问题的时候稳住客户的情绪是最重要的，只要客户好说话，问题就好解决。

五、快速

我们在客户没来得及反应的时候就发起“进攻”。举个简单的例子，你刚刚走进一家服装店，服务员就热情地迎上来，问你想找什么样的衣服，你说，我想找一条连衣裙，话音刚落，服务员就快速选了一条，告诉你这是今年的流行款，问你要不要试一下。试过之后，你觉得不合适，服务员又拿来一件说觉得跟你文静的气质很搭。然后你又去试了，几个来回下来你总能发现一条还不错的。正犹豫不决时，服务员又说，这套衣服平常不打折，今天刚好有活动，打完折是500元，还可以免费办理会员，以后来买衣服都能打折。听起来一切都很好。于是，你说，那我就要这件吧，之后付款、打包。

快速就是让对方来不及思考其他问题，直接促成交易。

第二节 怎样应对客户索赔

在外贸谈判过程中，业务员免不了犯错，纠纷也少不了，有时候客户还要求索赔。面对索赔，业务员总是很被动，甚至不知所措，一面是公司一面是客户，到底该如何处理？

一、售前预防

很多问题的发生是可以预防和避免的。进行售前检查和预防，让问题不出现才是解决问题的关键。

谨慎选择工厂

选择工厂也要货比三家，有时候甚至要实地考察。因为市场情况复杂，所以能做的尽量做到最好。选工厂要考虑的三个要素是：产品质量是否过关、硬件设备是否完善、管理制度是否严谨。

先跟工厂订好协议

我们可以先跟工厂协商好具体的要求。例如，“如果我们在你们这里下单，我们要求产品质量达到 A 标准，你们能做到吗？如果能，万一出货不达标，客户提出索赔，那么你们需要承担 80% 的责任。”有实力、有底气的工厂会与你达成协议，不靠谱的工厂一般就退缩了。

自己把关

如果可以，业务员则应该经常去工厂监工。这样做，一来可以监督工厂，二来有问题可以及时发现，三来是向工厂表明我们对这些产品有多重视，不能有闪失。

售前检查

工厂发货至公司后，若时间允许，我们应当做发货前的检查，抽样检查产品的质量、包装等细节，检查无误后再出货给客户。

二、售后处理

出现了问题，应该怎么处理？首先心态要平和、淡定，其次要充分利用中国的语言魅力，这样做会有意想不到的效果。

询问真实性

有一些客户比较狡猾，会无端生出各种问题让卖家赔偿。所以，接到索赔申请时不要慌，我们可以先询问客户问题的真实性。询问客户是哪里出现了问题、出现了什么问题，要求客户提供视频等可以证明事实的资料，这些资料也是我们跟工厂理论的依据。若客户迟迟不肯提交证明，则可以暂时将该事件放一放。

我之前有个采购摄像头的客户，说产品有问题，结果是一些无关紧要的小事，比如客户称视频模糊，提供了一些下雨天拍摄的模糊照片给我们对比。众所周知，下雨天拍摄的画面不会像晴天时拍摄的那样清晰，可是客户还是找业务员理论。其实这样的客户只是想争取些利益，我向其大概解释了原因，说这种情况并不影响销售，客户抱怨了几句，我也没理会，最后还是继续合作下去了。遇到这样的客户，听他唠叨几句无关紧要的话也无妨，如果真的是产品质量有问题，而且影响了销售，那么就要积极处理。

拿着证据和工厂协商

作为一个中间协调者，不要单一地做“传话筒”，不要把客户说的话一五一十地告诉工厂，也不要把工厂的反馈完全转达给客户。在这个过程中，要掌握一个原则：对工厂往“重”了说，对客户往“轻”了说。

我的一个马来西亚客户，购买了低价的摄像头，结果因为质量问题，摄像头在安装的过程中损坏了。客户实际要求赔付5 000美元，于是我对工厂说，“客户要求索赔6 000美元，这些质量问题导致客户公司遭到投诉，影响很大，目前已经停止销售，并且递上了客户提供的问题资料，同时表示，我们会尽量跟客户协商，降低索赔金额，订单量这么大的客户也很少，我们希望以后还能合作”。然而对客户，我是这样说的，“我们尽力与工厂进行了协商，工厂只愿意赔付3 000美元。原因是这些产品价格低，质量不怎么好，本来就要小心安装，但因为你们的安装不当导致摔落，所以你们也要承担责任。不过我们会争取降低你们的损失。”对工厂说索赔6 000美元，而对客户说只能赔付3 000美元，那么，我们就有3 000美元的空间可以在谈判过程中进行协调了，不会让业务员因为赔偿金额陷入两难境地。如果我们有上文提到的，与工厂在开始合作之前签订的“万一出货不达标，客户提出索赔，那么你们需要承担80%的责任”的协议，就可以按照协议的规定执行。

诚恳地致歉并表示积极弥补损失

不论客户多么咄咄逼人，我们都要忍耐，毕竟客户遇到这样的问题，心中难免愤懑，我们需要表达诚挚的歉意，千万不能和客户争论。有些业务员在面对客户过分的谩骂时，会骂回去，我认为大可不必，我们就当没听见，道歉之后，告诉客户，“我们希望能够长期合作，会争取降低你的损失”。不管出现的是什么问题，安抚客户的情绪是最重要的，客户消气了，什么都好说。上文提到的这位马来西亚客户，最终接受了4 000美元的赔偿，并且愿意与我们继续合作。

安抚客户的同时别忘了安慰工厂

索赔事件不是我们愿意看到的，并不是说由工厂承担了赔偿，我们就可以高枕无忧。工厂是和我们并肩作战的队友，我们需要对其说些激励和感谢的话，比如“谢谢你们这次的积极配合，使我们不至于流失一个有价值的客户，希望我们能长期合作，彼此都能做大做强，以后有更多的订单，我们肯定不会忘了你们”。

第三节　怎样应对客户的拒绝

在外贸工作中遭遇客户的拒绝是很常见的事。那么，客户每一次的拒绝都是真实的拒绝吗？其实不是。客户了解谈判的技巧，因此也有“欲擒故纵”的拒绝。不管是什么样的拒绝，表现出来的都是“No”。我们该如何应对客户的拒绝呢？

一、被客户拒绝的潜台词

客户为什么拒绝我们？这个问题的答案客户是不会主动告诉我们的，或者告诉我们的只是一个托词，而不是真正的原因。所以，我们只能根据与客户沟通的情况对客户的拒绝进行分析，找到与客户拒绝我们的真实原因最相近的那一个。

价格太高了

“价格太高了”是客户拒绝我们的万能理由，也是我们最常遇到的、最让人头疼的理由。通常，我们的第一反应是认为客户在压价，但我们降价之后，客户还是无动于衷。为什么我们降价了，客户还是不下单？客户到底想怎么样？很多人不知道的是，一句“价格太高了”隐藏着很多层意思：

（1）我暂时不需要这个产品，我只是想了解一下；

（2）这个价格超出了我的预算，我暂时不想考虑；

（3）其他供应商给出了更低的价格，我正在考虑；

（4）你还没有说服我，我对你和你的公司还不够信任；

（5）你们的产品是不是值这个价格，我还需要再看看。

如果客户暂时不需要我们的产品，我们则只能日后再跟进；如果我们的价格超出了客户的预算，那么我们可以问问客户的预算是多少，看看我们能不能配合；如果原因是竞争对手的价格更低，那么我们需要了解竞争对手是如何做到的，再做打算。第一次合作的客户多少都有疑虑，要想让客户信任我们，我们需要展示和证明更多的实力。

所以，客户以价格太高拒绝我们时，我们大可不必过于惊慌。这只不过是客户常用的托词罢了，我们需要在进一步地了解和沟通之后，再采取应对措施。

我不需要这个产品

有时候价格谈好了，客户却突然告知他不需要这个产品了。这是令人沮丧的理由，但是并不意味着完全没有希望，我们还是应当了解这句话背后的潜台词是什么：

（1）我已经找到合适的买家；

（2）你们的产品和服务都不令我满意；

（3）我的采购计划有变，暂时不需要这个产品。

当猜测到客户的真实想法之后，我们就要对症下药。如果客户已经找到了合适的买家，我们基本就没有希望了，只能寻求下一次的合作。为了更多地了解客户的需求，我们可以询问客户以什么样的价格买到了什么样的产品，然后与我们自己的产品对比，找找我们的优势，准备下次合作。如果客户认为我们的产品和服务都不好的话，我们则需要自我检讨和改进，争取下一次能给客户留个好印象。如果原因是客户的采购计划有变，那么我们不要急躁，切忌抱怨客户言而无信，这样会让客户有负罪感，伤了客户的自尊，让他感到尴尬，我们要给客户足够的时间和空间去处理和准备，你的大度能让客户更加信赖你。

二、学会顺应客户的拒绝

被客户拒绝并不可怕，接受客户的拒绝往往也是给客户和自己一次喘气的机会。一味地对抗客户的拒绝只会给客户一种压迫感，即使客户勉强下了订单，以后的合作也不会顺利。

用拒绝回应拒绝

有的时候，客户并不是真的想拒绝我们，只是诈我们一下，让我们做更多让步。说白了，就是想套出我们的价格底线。

客户常说，“你们的价格太贵了，我不想买了”，我们可以回应，“真的很遗憾，我们已经给出最低价格，再低我们就做不了”，或者“很抱歉，我们已经尽力了，如果您真的不需要，那么，我们也没有办法”。当我们勇敢地拒绝了客户压价的潜台词之后，反而会收到意想不到的效果。很多客户会出乎意料地主动回来找我们下订单。原因很简单，客户的拒绝只不过是想套出我们的价格底线，而我们的拒绝让客户认为目前的价格已经到达我们的底线了，所以，他们没有继续压价，而是心满意足地下单了。

用包容回应拒绝

客户拒绝下单有很多理由，但不管是什么理由，也不管客户说的是真的还是假的，我们始终要表现出对客户的尊重，不反驳，让客户自己选择。我们要做的只是向客户展示我们的优势和实力，比如，“我们有……优势，如果您觉得满意，那么，我们愿意为您效劳”。也许最后我们并没有等来客户的订单，但是我们的大度可以给客户留下一个好印象。这种大度其实也是自信的表现，我们相信自己的产品能够在竞争中脱颖而出。让客户感受到我们的自信，也会带来意想不到的效果。

用沉默回应拒绝

客户是“上宾”，但这并不表示我们要对客户言听计从，要唯唯诺诺。如果我们已经把该说的都说了，该做的都做了，客户还是拒绝的话，那么，我们可以选择沉默，即不回应他的拒绝。部分业务员为了表现出自己对客户的尊重和重视，总是对客户的任何言辞都进行回应。客户一拒绝，他们就会努力地解释自己的产品不应该被拒绝，但客户是主导订单的人，他不愿意下单，我们也不能怎样，解释太多反而让客户厌烦，所以，不如沉默。我有一次和客户谈了很久，客户一直采取拒绝的态度，后来我干脆选择沉默，没想到客户反而问我，“你怎么不说了”，我说，“您既然不愿听，我也不想再说，您可以想下单的时候再来找我”。过了一段时间，客户来找我下单，他说，“有的业务员太烦，一直说自己的产品有多好，我不喜欢夸大其词的人”。我们沉默也是想让客户知道：你不是唯一的“上宾”，我还有很多“上宾”，我不会一直围着你转。

第四节　怎样跟客户谈付款方式

外贸谈判是环环相扣的，有一个环节没处理好就会全盘皆输。很多时候，我们千辛万苦谈妥了价格，看好了产品，最后却卡在付款方式上，进退两难。比如，我们希望的付款方式是 100% 前 T/T（发货前付清 100% 货款），客户希望的是 30% 前 T/T（发货前付清 30% 货款）、70%D/P（70% 货款付款交单），此时，我们既不想接受客户的苛刻要求，又不想丢掉订单。因此，我们不得不掌握一些与客户谈付款方式的技巧。

一、谈付款方式要注意的问题

要想在付款方式的谈判上赢得胜利，我们先要知道如何避免一些错误。

知己知彼

想打胜仗，就要了解对手的实力和意图，通过各种途径获取客户的信息和情况。首先，要分析与客户来往的邮件，试图了解客户的意图；其次，登录客户公司的网站，分析网站上的产品及价格、店铺规模；再次，还可以登录脸书、领英等社交网站，找到客户的动向以及客户与他们的顾客在社交网站上的交流情况，由此分析出客户供应的主要客户群体等。

不卑不亢

无论遇到什么问题，都不能自乱阵脚。我们作为销售人员，希望客户下单的急切心情通常使我们处于被动，在遇到问题的时候，总有要失去一切的感觉，于是情急之下就会应允客户的刁钻要求，事后又追悔莫及。静下心来想一想，这是我们的自卑心理在作祟。

谈判要有节奏，遇到问题要镇定，不要害怕失去客户，实在不知道该怎么办，可以先停止谈判，给自己时间冷静思考。刁难我们的客户想必是“老油条”，在谈判过程中切莫让客户占上风，当满足不了客户的要求时，不要着急，可以请求客户给予时间考虑。当客户答应要下订单时，也不能太兴奋，过于激动会使我们忽略一些细节问题，比如其他产品要求、交货要求等。在谈付款方式时，我们要不惊不喜，不卑不亢。

不随意施压

很多业务员在和客户谈不妥的时候总是喜欢把“老板”“公司”搬出来，向客户施压，比如“我们老板不同意”“我们公司不允许”等。千万不要以为老板和公司是万能的理由和托词，这样做只会让客户反感。就像我们在店里看到一件衣服，觉得还不错，想用信用卡付款，这时候店员说，不好意思，我们店只接受现金，那我们只好先不买了，去别的店看看。这样生硬地回绝客户的要求，就等于拒绝了订单。

所以，不要轻易地把公司或老板搬出来给客户施加压力，逼迫客户顺从我们。客户的选择很多，尽量不要把客户推给别人。付款方式谈不拢时，可以想其他方法，比如提出另一种付款方式，问客户是不是可以，或者让客户付现金并提供一些优惠。总之，要想一切办法去缓和局面，而不是一味地纠结在非此即彼的问题上。

二、如何处理

客户的职位、其公司在行业中的实力、采购偏好、性格等都会影响他对付款方式的决策。那么，谈付款方式时有哪些好的办法？

第三种付款方式

当我们跟客户谈不拢付款方式时，千万不要纠结在非此即彼的选择上，可以给客户提供多种方案。例如，客户要求 100% 信用证（L/C）付款，而我们希望客户 100% 电汇（T/T）付款，既然彼此都不同意对方的付款方式，那么我们可以给出 50% 电汇（T/T）、50% 信用证（L/C）的付款方式，询问客户意见。再比如，我们希望客户使用电汇付款方式，但客户一定要用贝宝（PayPal），那我们可以尝试询问是否可以使用西联汇款（Western Union）。

总之，我们可以提出一个折中的办法化解僵局，各退一步，促成订单。

降价诱惑

付款方式和价格是紧密相关的。客户之所以对付款方式如此坚持，或许是因为资金周转不开，如果我们用降价的方式缓解客户的资金压力，那么，是不是可以让客户放松对付款方式的要求？比如，“您同意我们的付款方式，我们可以将单价降低 2 美元”。这是平等交换，以有利于我们的付款方式让客户获得更多利润，引导客户做出让步。

交期提前

对于客户来说，交期与价格同样重要，尤其是交期经常延后的工厂，客户非常重视和担心其交期，交期准时与否与其经济利益直接相关。很显然，电汇付款比信用证付款的到账速度要快得多，我们可以说，“工厂现在订单太多，如果能早点收到货款，我们就可以尽快安排生产，工厂也可以早点交货”。

更多优惠

优惠和降价都能直接给客户带来利益。我们可以这样说，“公司最新规定：在一个星期内支付货款的订单可以享受 VIP 待遇，即免费退换货、免费维修、更周到的售前服务……”商人总是希望花最少的钱，得到最大的利益，我们给予更多的优惠也是想诱惑客户妥协于我们的付款方式。

假装有困难

当以上方法都无法打动客户的时候，我们只能使用感情牌了。这时候使用感情牌是合理的而且是有说服力的。我们在前面提出了很多让步的方法，但客户都没同意，现在实在没辙了，只能找一些适当的理由，比如“由于订单太多，为了加快生产步伐，工厂近日增添了新设备，为此投入了不少资金，目前资金紧张，您先支付货款，我们也好备货生产，请您谅解”。这样说的好处在于：让客户知道我们之所以资金紧张是因为客户的订单，而且货款迟早都要打过来，早点付款对双方都有好处。

其他客户也是如此

客户总是喜欢把我们与同行竞争者放在一起比较，称别人的价格更低、服务更好，以此给我们施加压力，但我们也有很多客户，而不只他这一个。因此，我们可以这样说，“对于客户 AB 公司（一个比现在客户更有实力的公司），我们也要求他们使用 100% 前 T/T 的付款方式。这是基于对彼此的信任，为了达到共赢的目的”。我们应该让客户知道，比你更厉害的公司尚且配合我们的要求，你有什么理由不配合呢？这也表现出了我们的一视同仁，告诉客户，虽然其没有 AB 公司下的订单多，但是我们也会为其提供同等的服务。

公司规定

“公司规定是硬性的规则，我们必须遵守”，当你这么跟客户说的时候，客户可以理解你的难处。这个理由要在适宜的时候使用，通常是在前面的几点建议都没有效果的时候再用。如果你一开始就搬出公司的规定来拒绝客户的要求，那么客户很可能就会放弃下单，这时候我们倘若又说跟公司申请破例一次，长此以往，在客户看来，你们公司的规则也不算规则，往后就更不好谈判了。

第五节　怎样应对客户不付款的情况

客户对于价格、产品、交期等已经没有什么问题，但却迟迟不付款。这种情况让我们很着急，我们该如何应对呢？

一、原因与对策

想要让客户付款，我们需要知道客户因为什么不付款。客户不付款的原因有以下几个方面。

资金困难

大多数情况下，资金是影响付款时间和订单大小的直接因素。有时候不是客户不想下单，也不是客户不想付款，而是客户公司资金周转不畅，短时间内没有办法付款。

应对这种情况的方法有 3 个：

（1）换一种付款方式，帮助客户缓解资金压力。例如将 100% 前 T/T 改成 50% 前 T/T、50%L/C。

（2）提供降价优惠。价格是影响资金周转的重要因素，如果我们能在价格上让步，那么客户很可能会因为不想错失好价格而付款。

（3）让客户分期付款，收到多少款就生产多少产品。这样做虽然没有给客户分担多少实际的资金压力，但缓和了客户资金周转的问题，当我们主动提出时，客户也会考虑。

“移情别恋”

我们的竞争者很多，一不留神客户就可能看中别人的产品。所以，我们平常跟进的节奏要紧凑，有时候，从开始谈判到要求付款要一鼓作气，不能给客户犹豫的机会。尽管如此，在大多数情况下，我们还是避免不了客户货比三家。

在这种情况下，我们要先清楚客户为什么移情别恋，是因为价格、质量、服务，还是其他因素。我们要在自己身上找原因，比如是不是自己做得不够好、考虑得不够周全等，要具体问题具体分析，针对不同的原因制定不同的应对策略。有一个策略是每一个客户都乐意看到的，那就是降价。不管客户不愿意付款的原因是什么，降价都是具有诱惑力的。

客户的客户出现问题

有时候，我们跟客户已经把该谈的条件都谈好了，而且谈得比较顺畅，不知为何客户突然不付款，而且不论我们怎么问，客户都不说原因。原因是我们的客户不一定是最终的客户，比如中间商，他们需要根据他们的客户的需求下单，当其客户的需求有变的时候，他们也会跟着变。因此，在外贸谈判中，最让人摸不着头脑的不付款原因就是这个。

对于这样的情况，我们没有什么有效的对策。因为客户毕竟没有权利决定要不要下单，他们需要看他们的客户的情况，所以他们是比较被动的。此时，我们应该给予客户包容和理解，不要一味地追问和纠缠对方。与客户保持联系，持续跟进，有时候能收获意外惊喜。

正在休假

在少数情况下，客户不付款的原因是在休假，暂时不方便安排付款。每年的7月到9月，是西方国家客户休长假的时间，有的客户也会在其他时间给自己放假，毕竟他们不可能一年到头都在办公室里工作。

度假的人总是不喜欢被打扰的，更不喜欢谈生意上的事情，因此他们对于付款也是不积极的。然而，不方便付款并不代表不能付款，只要引起客户的重视，付款问题很快就能解决。催款理由可以是这些：

（1）我们的货物已经准备妥当，为了不耽误交货，请您及时付款；

（2）产品库存不足，请您尽快安排付款，否则需要再等一个月；

（3）从明天起，物料将要涨价，如果今日收不到货款，我们就需要重新核算价格，请谅解。

汇率变动

汇率变动会影响客户的付款时间，比如有段时间新加坡元对人民币的汇率跌破五，新加坡元贬值了，也就是说，同一批货物，原来只要1 000万新加坡元现在需要1 025万新加坡元才能买到。因此，汇率也是影响客户付款的重要因素。对于这样的情况，我们没有特别有效的办法，只能从信誉方面逼迫客户付款，比如，“我们已经按照你们的要求进行生产，你们现在告知不能付款，我们将承受很大损失，请你们理解。”在做生意的过程中，诚信很重要，不管是卖方还是买方，只有遵守基本的商业准则，才能长期合作。客户也是明白这个道理的，只是需要我们施加一些压力而已。

二、怎样才能做得更周全

为了日后不用那么费力地催款，我们要把关于付款的细节想得更周全一点。那么，我们应该怎么做？

明确规定付款时间

在合同中加入“付款时间，逾期无效”或者“逾期付款造成的问题及损失，需要由客户承担”等条款，以限制客户的付款时间。

收款再生产

明确地告知客户，我们只有收到货款才能安排生产，如果不希望影响交期，则需要先付款。

不收款不发货

无论如何，这应该是底线原则，无论是对新客户还是老客户，都应该明确这样的原则。必须等收到货款才能发货或放提单，这也是有效避免钱货两空的基本原则。

第六节 怎样应对索取免费样品的客户

客户看中了我们的产品，想先试试样品很正常，但样品都需要付费购买。然而，我们经常会遇到索要免费样品的客户。我们到底要不要给他们免费样品？应该如何应对这些客户？

一、哪些客户会索取免费样品

任何产品都有价格，哪怕一两个样品，也需要付费购买，而不能免费赠送。不愿意付样品费的客户可以分为以下几类。

订单量小的终端客户

客户按经营规模可以分很多种，如经销商、批发商、商超、个体户以及终端客户。终端客户一般只买一两个或者几个产品，订单量比较小。这类客户喜欢要免费样品的原因是省钱。

正在考察市场的客户

有些客户正在考察一个新的市场，想要找到合适的产品、合适的供应商。由于考察的目标太广，他们无法向每个供应商购买样品，因此会索要免费的样品。

性格高傲的客户

我们会遇见各种性格的客户，有礼貌的、蛮横无理的，也有比较高傲，认为“我是能给你订单的上宾，你的样品就应该免费给我”的。高傲的客户比较少见，大多数客户都是很有礼貌的。

骗取样品的客户

这类客户比较常见，他们会利用一些公司允许提供免费样品的规定，骗取免费样品为自己所用。这类客户没有实际的需求，骗取样品后便消失无踪了。

经济不发达地区的客户

这类客户主要集中在经济不发达地区。由于经济不允许，因此他们砍价和索要免费样品的情况会比其他地区的客户多。

二、怎样应对索取免费样品的客户

在外贸行业中，索取免费样品的客户都不算太理想的客户，他们要么经济实力不足，要么没有迫切的需求。大多数业务员都会直接忽略索取免费样品的客户，但有些客户确实是真实的客户，也有采购需求，那么，我们应该怎样应对这些客户？

对于终端客户，或者是骗取免费样品的客户，我们可以选择忽视。对于贪便宜的客户，我们可以直接告知：“我们的样品不是免费的，请您付费”。他们可能不愿意完全付费，我们可以先把样品费标高一点，然后再以“我们的样品都需要付费，但是可以给您优惠一点”的理由满足他们“占便宜”的心理，以此让客户付费。

对于性格高傲的客户，样品免费已经成为他们的思维定式，但通常这类客户都有真实的需求，我们可以好好把握。如果公司有免费提供样品的规定，我们则不妨免费提供给他；如果公司规定样品都要付费，那么我们需要看看客户的需求是否迫切。客户的合作意向很大，我们可以自掏腰包促成合作，当然，样品金额过高的除外，比如几千元、上万元人民币的机器。不过，一般免费样品都是一些小件物品，价格从几十元到几百元人民币不等，我们可以根据个人能力承担，另外，也要看客户是不是值得我们自掏腰包。我们也可以跟客户说我们的样品需要付费，要求他付费，告诉他我们对任何公司都收取样品费，一视同仁。

对于正在考察市场的客户，他们目前还没有明确的目标，我们不能给予免费样品，原因是他们的目标范围太广，很可能领完样品就杳无音信。虽然我们不能给客户免费样品，但是可以说服他们付费购买样品。我们可以先给客户分析我们的产品能给他们带来多大的效益，可以帮助他们开发新市场，提高他们对我们产品的信赖程度，然后再提出样品付费的要求就会顺利很多。

还有一招是我们对所有客户都可以用的，那就是这样跟客户说：“我们公司只针对有实力的客户提供免费样品，如果您日后订单量超过 1 000 件（自行设定门槛），样品就可以免费赠送，如果订单量少于 1 000 件，那么样品费将从订单中扣除。”

第七节　怎样应对交货期延迟

一个订单的执行在交货时才算基本完成，交货出现问题是十分令人头疼的。最常见的交货问题是交货期延迟。交货是否准时会影响客户的生意以及客户对我们的印象。为了避免最后一环影响双方的合作，我们应当重视如何应对交货期延迟的问题。

一、如何预防

最好的解决问题的方式是防患于未然。在大多数情况下，我们只要细心一点就能让问题出现的概率变小甚至为零。那么，要怎么预防和避免交货期延迟？

熟悉工厂

虽然我们不是工厂的工作人员也不是跟单员，但是为了更方便地了解生产情况，我们不得不熟悉工厂。一个产品是怎么生产的、需要多长时间，工厂的生产优势在哪里、劣势在哪里、如何扬长避短等都是我们应该了解和思考的。在空闲时间多参与工厂的劳动，我们一方面可以了解生产情况，另一方面可以和工厂的人熟悉起来，出了问题也能更好地沟通。

盯紧工厂

下订单给工厂之后，我们应当紧跟生产进度，随时了解生产情况。一方面，我们可以主动跟客户说明生产情况，让客户知晓和放心；另一方面，一旦发现生产问题，我们可以立马出面解决，坚决不影响生产和出货。

适度延长交货期

无论我们怎样努力地跟进客户、监督工厂，也难免发生意外，比如工人辞工、生产机械出现故障、生产物料紧缺等。为了不失信于客户，我们应根据工厂的生产情况，在工厂的交期上多加 5 ~ 15 天，给意外预留一些缓冲的时间。

分批生产

很多时候，客户的订单都很紧急，工厂没有办法满足客户的交货期要求。我们应该在客户下单之前，告诉客户这个订单在短期内无法完成，询问能否分批生产。分批生产涉及额外的运费及其他费用，这些也要在客户下单之前谈妥。

预留备份

对于老客户，我们可以建议客户提前生产，预留备份，以备不时之需。也就是说提前生产下一批货，比如客户 9 月需要 500 套产品，我们可以建议客户生产 600 套，多出的 100 套作为 10 月的备用，这样做也可以有效避免交货期延迟的风险。

量力而行

对于工厂来说，交货延迟是硬伤。实在无法满足客户的要求，就不要勉强接单，到时候误了客户的生意还影响自己的利益，得不偿失。

二、如何处理

有时候，尽管我们已经尽力周全地做了所有预防工作，还是因为某些不可控的因素或经验不足导致交货期延迟。此时，我们该如何处理呢？

向客户道歉

我们应该清楚，道歉并不是示弱。很多业务员唯唯诺诺地跟客户道歉，由于思路不对，因此表达出来的意思也变了，让客户以为我们犯了天大的错误。其实，我们大可不必这样。有时候，我们把事情想得太严重了，回过头来想想，出现错误和意外是很正常的，我们要理解自己，才能不卑不亢地出现在客户面前，诚挚地道歉。毕竟，我们也不希望延迟交货，也已经尽力了，而且我们的苦恼并不比客户少。

聪明的业务员不会把工厂或者客户的问题变成自己的问题。我们道歉的原因是不能准时交货，而并非不想准时交货，所以在回复客户的质问时不必惊慌，向客户道歉时要客观说明原因，表达诚挚的歉意。

找到合适的理由

交货期为什么延迟？什么样的理由才能让客户不那么生气？一些不可控的因素会影响事情的结果，比如天灾人祸。2018 年的日本地震，影响了索尼公司向中国国内工厂的物料供应，这是我们没有办法预测和控制的，如果发生了类似的事，那么客户怎么会怪罪我们？不可控因素引起的交货期延迟最能得到客户的体谅。所以，我们在向客户解释时，可以使用以下理由：

（1）因为多日暴雨，我们的物料供应仓库被水淹了，所以，交货期延迟了；

（2）因为工厂突发火灾，我们损失很大，所以交货期延迟了；

（3）因为运送物料途中突然遇到暴风雨，为了工作人员的人身安全，也为了不影响物料的物理性质（被雨淋湿、被风吹断等），所以我们不得不停下来等待天气转好再运送。

诸如此类，我们可以根据自己的情况寻找合适的理由。不管是什么理由，都是为了给工厂争取更多的生产时间。

提出解决方案

道了歉，也说明了原因，但是这些都不是客户想要的，他们只关心什么时候能收到货。那么，为了稳定客户的心，我们要提出一些解决方案，提出的解决方案要与我们说明的原因有关。如果是天灾人祸引起的交货期延迟，我们就要想其他办法弥补，比如工厂着火导致交货期延迟，我们可以说，“已经积极转移生产，正在加紧生产，请客户放心，我们一定尽快出货”。无论是真实的解决方案，还是安慰客户的说辞，我们都要认真仔细地提出，目的是让客户放心，让客户相信我们。

第八节　怎样在客户度假时不中断订单

每年的7月至9月是外贸业务淡季，很多欧美客户会去度假。这在一些地方甚至已经成为习俗，有个西班牙客户曾跟我说："这段时间，老板不会让你待在办公室。"可见，他们对于度假的重视。客户放假了，我们怎么做才能让订单不中断？

一、欧美客户的度假时间

欧美客户度假的时间虽然都集中在7月到9月，但不同国家的放假时间不尽相同（见表6-1）。

表6-1　欧美客户度假时间表

国家 / 地区	度假时间
美国	大多数美国人会选择在7月开始度假，尤其是7月的第二周，与7月4日的美国独立日假期连起来，凑成一个长假
加拿大	大多数加拿大人选择8月度假，不过加拿大女性还是比较偏向于7月
英国	通常在7月底或8月开始休假，为期一个月
德国	一般是4~5周，通常是7月到9月，在这三个月内员工可以轮流休假
法国	7月最后一个星期至8月，员工几乎全放假
意大利	8月初至9月初，约为一个月［8月15日为意大利的重要节日：圣母天日（Assunzione Ferragosto）］

续表

国家 / 地区	度假时间
比利时	7 月中旬至 8 月初
西班牙	7 月初至 8 月初
葡萄牙	7 月中旬至月底
苏格兰	通常在 7 月底开始休假，原因是 8 月中旬孩子们就开学了
匈牙利	8 月，时间为 2 周至 1 个月
波兰	6 月底或 7 月初开始休假，一般在 2 周左右
荷兰	假期一般在 6、7、8 月，为期 2 周至 1 个月
捷克	7 月初至 8 月底轮休
挪威	7 月至 9 月轮休
瑞士	7 月
希腊	8 月，为期一个月左右
北欧（丹麦、瑞典、挪威、芬兰、冰岛）	一般从仲夏开始，即每年的 6 月 22 日前后至 8 月中下旬

只有欧美客户会放这样的长假，其他国家或地区，比如非洲、东南亚的客户，通常和我们一样，需要全年工作，假期只有几天，并不会像欧美客户一样度假很长时间。

二、客户度假时，怎样做才能不影响订单

在欧美客户度假期间，怎样让我们的订单不中断？这是一个很值得深思的问题。我经常看到很多业务员在客户度假时催付款、催确认产品、催确认收货，而且通常是业务员催得很紧，客户却不急不缓地回复一封邮件，或者根本没有回音，业务员很着急却束手无策。

客户度假没关系，最怕的是他们不回复信息。例如，船快到港了，通知客户提货，却没有一点动静；物料价格上涨了，客户还没有付款，询问客户

什么时候付款，却没有回复；在产品生产过程中遇到问题，跟客户确认却得不到回信，很可能错过交期。那么，我们应该如何在客户度假时，从容不迫地跟进订单？

确认客户的度假时间

我们需要在客户度假之前联系客户。

例如："Hello David，We know you will have a vacation soon. Can you tell us the time of your vacation and when you have time to reply us about the orders? "（你好大卫，我们知道你即将开始度假，能告诉我们你的度假日期吗？以及你什么时间方便回复信息？）

我们虽然知道客户一定会去度假，但也需要问问客户具体的时间安排，看看在时间上有没有可以调度的地方。这在处理紧急事情的时候很重要。

同时，我们也需要询问，客户在一天之中的哪个时间段方便回复邮件，一方面征求客户的同意，另一方面也是在提醒客户多留意邮箱信息。

拿到客户度假时的紧急联系方式

例如：Dear David，What is your emergency contact way? Can we contact you if it is urgent ？（亲爱的大卫，你的紧急联系方式是什么？当事情紧急的时候我们可以联系你吗？）

任何人在度假的时候都不愿意被打扰。如果客户在度假时换另外一个手机，那么我们联系他工作时的手机，他就会回得慢。

当然，我们也要分清楚，什么情况才是"urgent"（紧急）的。发报价表紧急吗？支付货款紧急吗？确认产品信息紧急吗？提醒客户收货紧急吗？算不算紧急，不是看我们"急不急"，而是客户"急不急"。

比如，有的业务员因为物料价格要上涨，恰逢客户度假，所以紧急通知客户，催促客户确认形式发票（Proforma Invoice，PI），赶快付款，而客户却慢慢悠悠地回复，"我在度假，等我度假结束再联系你……"显然，这种情况属于"Not Urgent"（不紧急）。客户的意思就是：物料价格涨就涨吧，我现在不急，等我急了会找你的。

我们要学会分辨“紧急”和“不紧急”，在不紧急的情况下，通过邮件、电话轰炸客户，不仅不会得到想要的回复，还会打扰客户度假，让客户厌烦。不要因为“客户不急”的事情跟客户要“emergency contact way”（紧急联系方式），更不应该进行信息轰炸。

怎么处理“紧急”的情况

“紧急”情况是什么样的？比如，在客户度假期间，货物到港，为了不产生滞港费，应该提前告知客户。这里说的“提前”是指在“货物到港之前”或“客户度假之前”。

例如：Dear David，We predict cargo arrival in 25th July. In order to avoid demurrage，please keep contacting during your vocation and maybe you can arrange for some body to help you take delivery of goods.（亲爱的大卫，我们预计货物在 7 月 25 日到港，为了避免产生滞港费，请在度假期间保持电话畅通，或者请安排相关人员代为处理相关事宜。）

我们一定要在客户度假之前告知客户紧急的情况是什么，让其提前准备，而不能等到客户度假去了，货物就差几天到港口了，才急急忙忙联系客户。客户在度假时是很懒散的，如果是去国外度假，则不可能很快回来处理紧急事件，因此容易让合作产生不愉快。

总之，重要的事情一定要提前告知客户，并提醒客户做好相应的准备工作。如果是突发事件，未能提前通知客户，则应该立即通过客户的紧急电话告知具体情况。

三、在客户度假期间，我们能做什么

客户度假期间也属于外贸淡季，没有客户来洽谈，没有订单可接收，也不会有很多事情要处理。那么，在这段时间，我们需要做什么？

更新报价单

等客户度假回来发一份新的报价单给他，要体现优势。涨价、降价、促销等情况都可以重新整理一遍。

整理客户资源

把上半年的客户跟进情况进行总结、归纳和反思。分析哪些客户、因为什么合作失败；哪些客户是潜在的客户，需要进一步加强联系；哪些客户是老客户，最近被疏忽了等，以便为下半年的“战役”做准备。

完善平台运营

图片需要换的换掉，新产品需要上传的上传，产品详情信息需要更改的要改。收集更多的关键词，发布更多的产品，花时间学习怎么提升产品曝光率和客户询盘量。

主动开发新客户

客户去度假了，询盘会比较少，但我们也不能无所事事，或者整天只知道催促客户回复邮件，应该好好利用这段时间，通过谷歌或者社交网站找客户邮箱等联系方式。等到淡季过去，开始新一轮的客户开发。

重点跟进和开发不度假的客户

除了欧美客户之外，其他国家和地区的客户还在工作，我们可以多花些时间在这些客户身上。

第九节　怎样打破与客户对话的僵局

我们跟客户对话，是希望增加亲密感，希望能借助对话了解客户的情况，也希望能让客户更了解我们。在对话过程中，千篇一律的“Hello”“Hey”“Hi”会让客户觉得无趣，这样写邮件容易被无视，收不到回应。若想得到客户的回应，就要学习如何与客户对话。

一、对话前需明确的两点

我们只有跟对口的客户聊，才能得到回应。同时，我们也要清楚，我们与客户对话的最终目的是什么。

确定对方是不是目标客户

正所谓有的放矢，十发九中。在对话之前，我们需要了解客户的背景。例如，客户是做什么的、来自哪里、业务侧重于哪方面、是批发商还是零售商、喜欢哪个类型的产品、侧重低价格还是高质量、进货量大还是小……至于怎么调查客户背景，我们可以利用谷歌搜索以及社交网站。

与客户对话的目的

“亲爱的客户，您喜欢我们的产品吗？我们可以发报价单给您吗？您要不要先试试样品？”对话的目的无非就是引起客户的注意，加深彼此的了解，进而争取合作机会。为“增加了解”而对话比为“订单”而对话，能更快达到“成交”目的。

二、正确的对话步骤

与合作过的客户对话比较容易得到回应，但如果是刚刚认识的，比如刚在 WhatsApp 上加的一个客户，我们一上来就套近乎会让客户反感。正确的对话步骤是这样的：

第一步，文字自我介绍。包括我是谁、来自哪里、是做什么的、我们公司有哪些服务、我能给你带来什么好处、为什么要自我介绍等。初次对话，自我介绍是基本礼仪。

第二步，照片补充说明。我们在第一步已经进行过文字介绍，但一般的文字描述太苍白，引不来客户的关注。那么，我们就可以用照片，包括个人照片以及公司照片。公司的照片要亮度适宜，要专业，证明我们是真实的、可信的。

第三步，表明欢迎来“聊”的态度。前面两步都做完了，最后要加一句，“我们了解到，贵公司与我们做的产品一样，我们期待与您合作，也欢迎您随时来询价”。

三、正确的对话内容

与客户展开对话，要从对方的关注点出发，而不是我们自己的关注点。只有在对话的过程中，聊到客户感兴趣的方面，才能激起客户继续交流的欲望。正确的对话内容，可以帮助我们打开话匣子。

国际形势热门话题

例如中美贸易战。可以和美国客户聊一聊他们对此事的看法，进而了解客户合作意向的多少。

汇率、关税变动

例如美国、印度尼西亚都提高了关税，这对客户有很大的影响，他们自然会关心，也想了解最新情况。汇率的变动是每个贸易人密切关注的话题，不妨跟客户聊一聊。

本行业物流成本上涨或者其他国内政策的变化

例如我国环保要求的提升会影响哪些物料价格、其上涨幅度是多少、会持续多长时间等。提醒客户早做安排。

节日祝福和问候

没有人会拒绝别人善意的祝福，哪怕是陌生人，一句温暖的祝福，也能让你走进对方心里。

对于天灾人祸的关切

例如日本遭遇强台风，客户公司损失惨重，一句“我看到新闻，得知日本遭遇台风，您和您家人都没事吧？”会让客户体会到真切的关心，有的客户很乐意把这些事情跟人分享。

不定期地分享日常生活

为什么社交网站能被大众喜爱？因为它真实、容易被接受。比如，在 WhatsApp 上，你可以分享自己的日常生活，你的 WhatsApp 好友都能看到。再比如，你今天去了洱海，那里的风景很漂亮，你可以分享给客户，“这就是美丽的洱海，在中国的云南，非常美！中国地大物博，风景秀丽，欢迎你来中国玩！”

定期更新和介绍产品

新产品、好产品或者促销产品都可以推荐给客户。每次要在固定的时间发送，比如每个月的月初、月中或者月末。为什么是定期？因为这样有助于形成一种思维惯性，一到月初，客户就知道你要发送更新过的产品清单了，他会有意识地查看邮箱，久而久之，这样的惯性作用比我们想象的效果更大。只要客户看到自己感兴趣的产品，就会给你回复。

第十节 谈判相关案例

谈判需要很深的“功力”，不仅需要专业知识，也需要沟通技巧。外贸业务员的大多数时间都在跟客户谈判，付款方式、发货、售后、索赔等几乎所有的环节都需要谈判。谈判是一个互相说服的过程，而我们的目的就是说服客户接受有利于我们的条件。下面选取两个真实案例，证明我们在和客户谈判时，只要谈得好就能获得好结果。

一、一封谈判邮件解决一次退款风波

案例 6-1 Abby（阿比）遭遇的退款风波

我在外贸公司工作近 3 年，从什么都不懂到慢慢熟悉整个流程。说实话，一个人摸索会成长得很慢，但我觉得这样能学到很多东西。

今年 2 月，我跟了很久的马来西亚新客户下单了（安防监控设备，货值约人民币 20 万元）。4 月初，客户在收到货后反馈产品安装不了，于是我让他寄了几个样品回来。工厂检查后说是模具数据出现了问题。在出货前，我跟厂长一起验了货，没发现异常，我在跟工厂沟通后建议客户把货退回来，我们重新做一批给他，由工厂负责运费，客户勉强同意了。4 月底，客户来看厂并投诉大货跟确认的样品不一样，投诉产品质量差。5 月，我们做了新的样品，客户确认后要求马上生产大货。客户收到大货后发现安装不了，寄回来一个样品，工厂看后说是数据问题导致的。目前，客户打算把所有的货退回，他安排退运，给我们提供了货代的运费清单。我们还没收到退货提单，客户却一直催发货。我们老板说要看客户退回来的货是什么情况，再安排发货。昨天，客户问我什么时候可以发货，我直接按老板的话回复他货还没生产，客户大发雷霆说等不了，说我们欺骗他，要退款退货，还说要去中国大使馆告我们。

我第一次遇到质量投诉，这几天我一直在想怎么处理，一直在安抚这个客户，但效果很差。这样的情况应该怎么处理呢？

针对 Abby 的问题，我先问了她几个问题，以明确问题发生的根本原因和基本情况：

（1）你们的货是谁生产的？是合作的工厂吗？合作过几次？工厂信誉度如何？

（2）现在，客户的货退了没有？

（3）工厂检查后确认货物确实有问题？工厂检查后说“模具数据出现了问题”，这个问题是工厂导致的还是客户提供的数据有问题？

Abby 回答了我的问题：“我们是第一次与这个工厂合作，但这个工厂在我们这儿信誉挺好的。我们没有收到客户退回的货物，客户正在安排退货，还没有装船，提单也没有发给我们，但是他态度强硬地要求我们先退款。这次是由于工厂的错误导致整批货出现问题。”

明确了原因和情况，我给了她 5 点建议：

（1）出现这样的问题要以安抚客户的情绪为主，尽量顾及客户的想法。所以，Abby 跟客户说还没有生产就激怒了客户。

（2）货物必须退回到公司后再进行生产，这是原则问题，但我们不能这么跟客户说。应该跟客户说，“我们还没有收到您退回的货物，但正在积极解决您的问题。工厂承认是自己的问题，所以，关于相关索赔，我们会根据您寄回的货物情况确定。”这样说的言外之意是，我们在收到货物之前，没办法确定索赔金额和进行相关处理。这样表述既不会激怒客户，也能给我们争取处理的时间。我们应该知道，如果货物真有问题，是必须赔偿客户的。

（3）Abby 因为言辞不当惹怒了客户，所以要先跟客户道歉，承认是工厂的问题导致的，然后还应该说，“我们之所以还没有进行生产是因为需要最终确定有多少货物有问题。这样做，一方面可以帮助我们确定索赔金额，另一方面，可以让我们在确定有问题的产品数量之后，立刻安排生产，缩短生产时间。”这样的问题一旦出现一定会给我们带来损失，所以，减少损失是我们的最终目标。

（4）我们需要和工厂协商索赔或解决方案。若全部货物有问题，则要询问工厂打算如何处理，这是我们在货物退回前要和工厂交涉的。这属于假设性问题解决方案，即假设货物退回后全部有问题，我们该如何处理。如果等货物退回后再与工厂商量就会浪费时间，对处理客户的问题没有益处。

（5）跟客户商量能否先做一批货寄给客户应急，观察客户的反应再进行下一步的试探，但要求寄回有问题的货物。这样处理是为了获得缓冲的时间。

与客户谈判的邮件建议这样写：

Dear Sir，we must say so sorry to you，and we know all explanations are pale. So we will compensate you for it and will confirm how many items need to reproduce when we get them return. Now all raw materials are ready for reproduction. Any way，we will take care of it until it is well done.（亲爱的客户，我们必须向你表示歉意，我们知道所有的解释都是苍白的。所以，我们会赔偿你，并在收到退货后确认有多少货物需要重新生产。现在，所有的原材料已经准备就绪。无论如何，我们会认真处理这件事。）

Abby照这个思路撰写了邮件并发送给客户，客户很快就回复了。客户回复的邮件如下：

Dear Abby，I am not happy but you leave me no choice. The quantity is that I mentioned to you before，but it seems that your boss didn’t trust me. I trusted your company but it was my big mistake. Please ensure that the replacement goods are with correct quality.（亲爱的Abby，我不高兴但也别无选择。有问题的货物数量我在此之前已经告诉你了，但你们老板似乎不相信我。我信任你们公司，但这是个巨大的错误。请确保重新生产的货物准确无误。）

从客户回复的邮件我们可以看出，客户已经同意先把货退回来，并且希望我们能尽快补发正确的货物。就这样，一封邮件发过去，客户不闹退款了，也不打算告 Abby 的公司了。这个案例教会了我们 3 点：

（1）遇到任何问题，要先站在客户的角度思考问题，只有这样才能更好地解决问题；

（2）因为客户与我们不在一个国家、距离远，所以解决信任问题是关键；

（3）只有积极地面对问题，诚恳地和客户沟通，才能得到客户的理解。

二、客户交货期紧，但不愿意早付定金

案例 6-2　Bill（比尔）的客户拒绝提前支付定金

有一个做沙滩巾的塞浦路斯客户，与我们合作过 1 次。沙滩巾在年底生产高峰期时要提前 4 个月下单，不然肯定会延期交货。客户与我们第一次合作时就因为延迟交货使双方付出了很大代价，我们工厂不仅白忙了一场还亏损了。这次合作，我们想说服客户尽早下单，以便安排原材料的采购。然而，客户想 11 月付定金，12 月底交货。工厂因为资金不足无法购买原材料，没有原材料就不能投入生产，我该如何说服客户尽早下单？

我的看法是：知己知彼才能百战不殆。对于 Bill 的情况，我提出了几个问题：

（1）你充分了解过你们的市场吗？

（2）沙滩巾交货期长是你们公司的问题还是整个行业的问题？

（3）客户是专门做这个产品的吗？

（4）客户的市场需求是什么？

这些问题是在我们接下订单之前就应该思考和了解的。在这个案例中，尽管第一次有亏损，客户还是有意向下新订单，说明 Bill 可能在价格、质量或者服务等方面有优势。搞清楚客户二次下单的原因很重要，那是我们拿下客户的筹码。如果原因是质量，则说明这个客户注重产品品质，那么我们就要从质量的角度出发进行接下来的沟通。

对于交货期，交货期长如果是我们自身的问题，可以这样说，“我们对细

节、技术等的细致把握是为了保证产品的质量，所以生产周期比较长。我会尽量和工厂沟通，缩短生产时间。”这样说的前提是对工厂的出货时间足够熟悉，能给客户承诺一个合理的时间。这个时间必须比工厂承诺的要长，给工厂留下应对意外事件的时间，比如，工厂说30天交货，我们可以对客户说“本来需要50天交货，我们争取40天交货”，预留10天以防因意外导致交货延迟。跟客户沟通的时候，我们要给客户一种“我们都在尽量配合你”的感觉。

经过一番沟通，若客户还是不满意，认为交货期还是很长，那我们需再耐心解释一遍，强调产品质量，一定要直击客户的痛点。如果客户不同意这个交期，那么我们应该怎么办？适当给客户一点价格上的优惠，或者多送客户一些产品，表示我们对他的配合和重视。如此一来，产品质量不错，交货期基本明确，还能得到优惠，客户自然会下订单。

如果通过前面的沟通已经把客户说动了，那么定金的事情也就迎刃而解了。客户不想付全款有很多原因，我们要找出他顾虑的地方，帮他解决。11月付定金，12月底交货明显不合理，我们要从客户的角度出发，找到他想跟我们合作的原因，重点引导。如果我们的优势不明显，则需要通过其他方式引导客户下单，比如给予优惠等。

第七章

收款方式

本书第二章已经大致介绍了从事外贸工作
可能用到的付款方式，其中西联汇款、电汇（T/T）、
贝宝（PayPal）是最常用的，也是外贸业务员都会用到的。
本章将详细介绍这几种收款方式，
以及需要我们了解和注意的支付问题。

第一节 西联收款操作流程有哪些

对外贸人而言，西联汇款（Western Union）是目前非常便利，信用度又很高的一种小额收款方式。西联汇款与中国银联子公司——银联电子支付合作，提供可靠的直接到账汇款服务。

一、客户怎样通过西联汇款付款

如果客户主动要求通过西联汇款付款，或者我们希望客户通过西联汇款付款，那么只需要给客户提供收款人全名的英文或汉语拼音，以及收款人所在的地址。

我们给客户提供的收款信息模板如下：

Receiver's First Name: XIAOMING（收款人名字）

Receiver's Last Name: WANG（收款人姓氏）

Receiver's Address: ×××Shenzhen City, Guangdong Province, China.（收款人地址）

我们的中文名对应的英文字母拼写要正确，顺序也要正确。任何一个字母错了、漏了或者多了，汇款都没有办法顺利到账。例如，中文名是王小明，其英文拼写顺序应该是“XIAOMING WANG”。“First Name”是名，“Last Name”是姓，不能写错。

通常，西联汇款只需要提供姓名和国家。如果希望更正式一点，则可以给客户提供更详细的信息，在上面模板的基础上，加上个人电话、邮编等。

更正式的模板如下：

Receiver's First Name: XIAOMING（收款人名字）

Receiver's Last Name: WANG（收款人姓氏）

Receiver's Address: ×××Shenzhen City，Guangdong Province，China.（收款人地址）

Mobile Phone: +86-1234567891011（收款人电话）

Zip Code: 123456（收款人邮编）

二、如何查询西联汇款是否到账

通过西联汇款付款后，客户会收到汇款水单，水单上有详细的汇款信息，其中最重要的是汇款人姓名（即客户姓名）和 MTCN 追踪号。我们可以根据 MTCN 追踪号在西联汇款的官网上查询这笔款项是否汇款成功。

打开西联汇款官网，我们可以看到“追踪汇款状态”这一项，如图 7-1 所示。

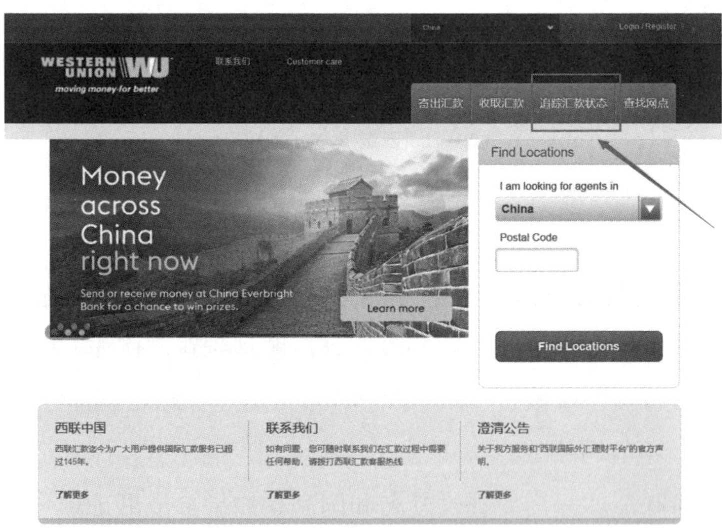

图 7-1　西联汇款官网首页

点击“追踪汇款状态”，我们会看到图 7-2 所示页面。

图 7-2　汇款状态查询页面

在图 7-2 的页面中输入 MTCN 追踪号以及发汇人姓名（发汇人即付款人，也就是客户姓名）或者收汇人姓名（收汇人即收款人，也就是我们自己）。只要输入的信息正确，就可以查到汇款的状态。系统提示“available for pick up”（可以提款），说明汇款已经成功到账。

另外，我们还可以打西联汇款官方客服电话咨询汇款情况。

三、西联汇款怎么结汇和提现

收到客户的汇款之后，我们需要把汇款取出来。客户的汇款一般是美元或者欧元，想要取出人民币，我们还需要先结汇。目前，西联汇款结汇和提现有 2 种方式：一种是银行柜台结汇和提现，另一种是网上结汇和提现。

我国与西联汇款合作的银行有很多，最常用的有中国邮政储蓄银行、中国光大银行、中国银行等。

银行柜台提现

银行会要求我们办理一张双币借记卡，其既可以接收美元又可以接收人民币。我们需要把发汇人的姓名、国家、金额准确无误地提交给银行柜台人员，柜台人员核对信息无误后，把汇款打到我们的双币借记卡中。

网上提现

我们在办理双币借记卡的时候可以开通网银，之后就可以在网上结汇和提现了。以中国邮政储蓄银行为例，我们登录中国邮政储蓄银行的网上银行，进入“个人外汇—西联收汇”页面进行结汇，只要保证 MTCN 号和汇款人姓名、收款人姓名准确无误，就能顺利结汇（默认以美元结汇），其他信息可以随意填写。结汇之后，我们会收到短信通知，入账的是美元，如果需要转换成人民币，则可以在网银上直接将其提现为人民币，或者在自动提款机上以人民币取款，按取款当日汇率结算。

四、使用西联汇款需要注意的问题

每一笔西联汇款的 MTCN 追踪号都是唯一的。这个号码在查询和结汇时都非常重要，所以务必要求客户提供正确号码。

收款人和汇款人的姓名拼写和顺序一定不能错，而且必须使用英文字母，一旦错了，我们就没有办法收到汇款。不过，即使发生这样的情况，也不用担心，汇款会被退还给客户，要求客户再次汇款即可。

我们可能会遇到所有信息都是正确的，但依然没有成功收款的情况。这种情况出现的原因：一是收款过于频繁，受到了银行的管制，这样的情况不用担心，可以过段时间再收汇；二是收款人的姓名被银行列入了黑名单，例如王蕙（HUI WANG）这个名字就经常被限制，这种情况只要向银行提供收款人的身份证号就能成功收款、结汇。

西联汇款有限额要求，每人每年只能结汇 5 万美元，超出 5 万美元后，依然可以收款入账，但超出的金额需等到第二年才可以结汇。因此，西联汇款只适合小金额收款。

我们还需要注意一点，客户通过西联汇款付款是可以随时撤回汇款的，而且不需要提供任何理由。所以，保险起见，确认客户汇款成功后，我们应当及时结汇，结汇之后再生产、发货。

第二节　怎样通过电汇（T/T）收款

外贸中的电汇（T/T）是指汇出行应汇款人申请，拍发电传（Telex）或电讯（SWIFT）给汇入行（其在另一个国家的分行或代理银行），指示解付一定金额给收款人的汇款方式。也就是客户通过他的公司银行账户向我们公司的银行账户转账的一种汇款方式。电汇通过银行转账，安全性、可信度高，所以，很多客户喜欢通过电汇付款。

一、客户怎么通过电汇汇款

如果客户选择电汇付款方式，那么我们需要给客户提供银行信息。银行账户分为中国内地银行账户和中国香港地区银行账户两种，所以，需要向客户提供的信息不尽相同。

中国内地银行账户信息模板如下：

Bank Information: ×××（银行信息）

Beneficiary: 王小明（受益人）

Bank Account: ×××（银行账号）

Bank Address: 中国农业银行深圳 × × 支行（银行地址）

Beneficiary's Bank: 中国农业银行（收款行）

Swift Code: BKC × × ×（Swift 码）

Company Name: International Co., Ltd.（公司名称）

Company Address: × × × Shenzhen，`Guangdong，China.（公司地址）

中国香港银行账户信息模板如下：

Bank Information:（银行信息）

Bank Account: OSA900 × × ×（银行账号）

Banker: BANK OF × × ×（银行名称）

Bank Address: × × × Hong Kong，China.（银行地址）

Swift Code: COM × × ×（Swift 码）

Company Name: International Co., Ltd.（公司名）

Company Address: × × × Shenzhen，Guangdong，China.（公司地址）

客户向我们汇款时需要向银行提供一个 Swift 代码（Swift Code），Swift 代码是每个银行账户的唯一识别码。银行一般不会主动告知，但我们可以向开户行询问。

二、我们怎么收汇提现

通过电汇支付的货款一般需要 3 ~ 5 天才能到账。到账后，收款人会收到通知，也可以打电话给银行客服查询是否到账。只要提供给客户的银行信息是正确的，我们便能顺利收款，汇款到账之后可以通过银行柜台结汇，也可以通过网银结汇，结汇的操作流程与西联汇款相似。

通过电汇支付的款项，一旦到账，客户就没有办法撤回，这比西联汇款更令收款方安心。不过，电汇的手续费比较高，通常有几十美元，所以适合大金额收款而不适合小金额收款。

第三节 怎样使用贝宝（PayPal）收付款

贝宝（PayPal）是一个第三方付款平台。因为 PayPal 十分维护汇款方利益，所以非常受国外客户的欢迎，是外贸经常用到的收款方式。

一、怎么注册 PayPal 账户

PayPal 与西联汇款、电汇不同的是，PayPal 不经过银行中转，而是直接由 PayPal 公司中转。因此，不管是汇款方还是收款方都需要先注册一个 PayPal 账户。

进入 PayPal 官网（如图 7–3 所示），我们可以根据自己的情况来选择是注册个人账户，还是注册企业账户。

图 7-3 PayPal 选择账号类型页面

任何人都可以注册个人账户，但注册企业账户必须拥有营业执照。营业执照只有公司才有，所以外贸业务员注册个人账户即可。

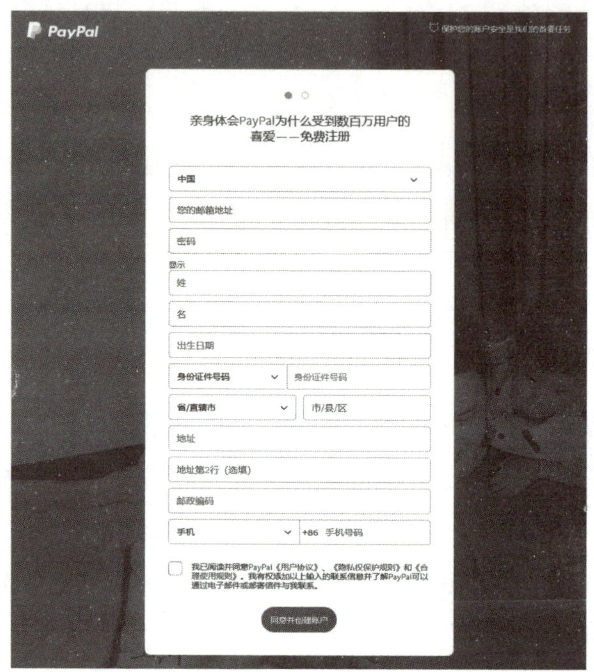

图 7-4　PayPal 账号注册页面

如图 7–4 所示，按要求填入正确信息即可。注册时使用的邮箱即是我们的 PayPal 账户，一个身份证号只能注册一个 PayPal 账户。

二、怎么使用 PayPal 收付款

客户如果要求用 PayPal 付款，客户应该怎么操作？我们需要给客户提供哪些信息？怎么向客户收款？

客户向我们付款

客户如果已经有 PayPal 账户，则可以直接向我们付款。我们告诉客户我们的 PayPal 账户即可。客户登录他的 PayPal 账户，然后从“工具”菜单中选

择“付款”，输入我们的邮箱，就能向我们付款，如图 7–5 所示。

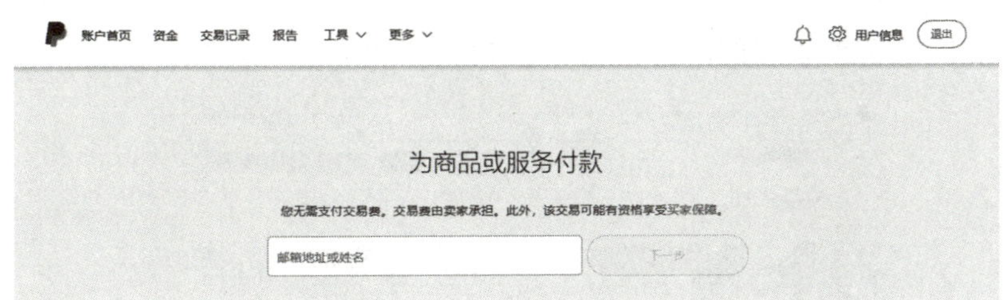

图 7-5　PayPal 付款页面

我们向客户收款

如果客户没有 PayPal 账户，我们可以向客户收款，给客户发送付款请求，要求客户付款。我们需要登录自己的 PayPal 账户，然后从“工具”菜单中选择“收款”。收款方式有以下 3 种，如图 7–6 所示。

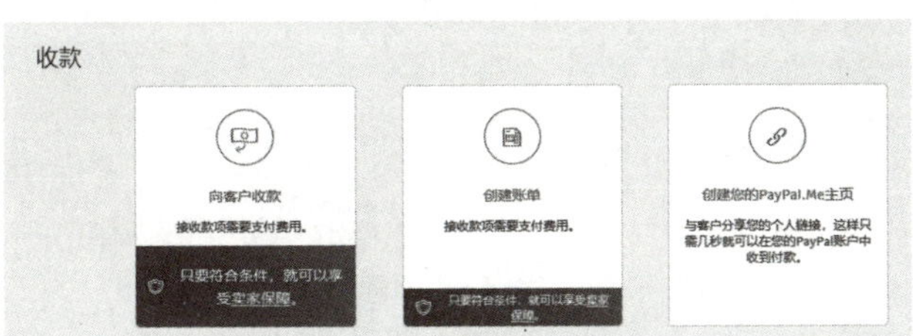

图 7-6　PayPal 收款方式选择页面

向客户收款

这种方式操作简便，我们只需要输入客户的邮箱地址及收款金额，便可以给客户发送 PayPal 收款请求，客户按要求付款即可，如图 7–7 所示。

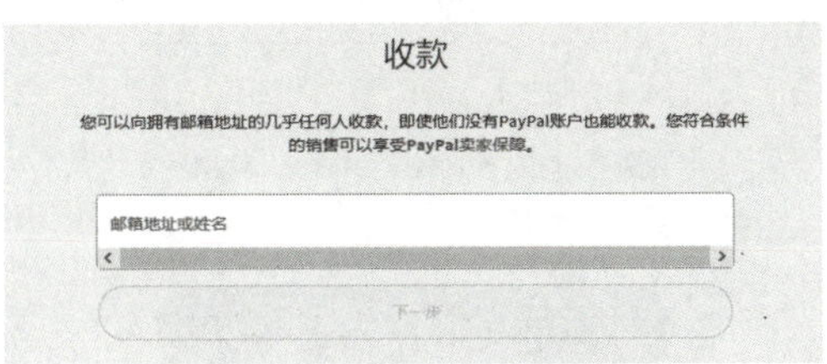

图 7-7　收款信息填写页面

创建账单

这种方式比第一种方式更正式，需要填写比较详细的信息，收款请求会以账单形式发送到客户的邮箱。客户在收到账单后进行付款，如图 7–8 所示。

图 7-8　PayPal 创建账单页面

“PayPal.Me/”链接

这种方式适合在社交媒体中使用，侧重于保护收款方的隐私。我们只需将所创建的“PayPal.Me/ 自定义域名”链接，通过电子邮件、短信或是社交媒体发送给客户，客户便能直接在链接中完成付款，如图 7–9 所示。

图 7-9　创建“PayPal.Me/”链接页面

PayPal 给我们提供了多样的收款方式，但在实际工作中，大多数订单由客户自发完成付款。

三、PayPal 怎么提现

PayPal 提现比较简单，有 4 种提现方式（如图 7-10 所示）。电汇到中国内地的银行和提现到中国香港特别行政区的银行最常用，这两种方式只需要我们绑定相应的银行卡。

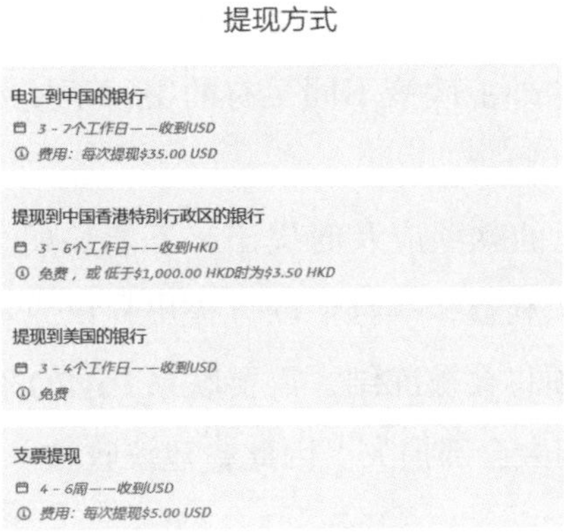

图 7-10　PayPal 的提现方式

PayPal 的规则偏向于保护汇款方，而在外贸工作中，我们是收款方。所以，在使用 PayPal 收款提现时需要注意以下问题：

（1）一个身份证号只能开通一个 PayPal 账户，要确保 PayPal 的账户姓名与银行账号的姓名完全一致。

（2）PayPal 个人账户的款项只能提现到银行个人账户，企业账户的款项只能提现到银行企业账户，否则无法成功提现。

（3）PayPal 结汇的币种是美元，要确保我们的银行卡接受美元。

（4）在 PayPal 账户中添加国内银行账号时，需要提供该银行用来接收电汇的 Swift 代码（Swift Code）。我们需要向银行获取该代码，而且必须准确填写。

（5）PayPal 提现到中国内地的银行账户时，最低提款额为 150 美元，每笔收 35 美元的手续费。部分银行的中转行手续费为 10 美元左右一笔，建议提现前与开户银行确认。

（6）PayPal 提现到中国香港地区的银行账户时，最低提款额为 80 元港币，1 000 元港币以上免手续费，1 000 元港币以下每笔收取 3.5 元港币的手续费。

（7）提现超过一定金额需要申报，一般是 2 000 美元到 3 000 美元不等，不同银行的要求不同。银行要求填申报信息（即款项来源信息）时，最好先了解清楚怎样合理填写申报的款项来源，银行有可能因为申报信息不正确而不接受外汇结汇。

（8）在提现前，最好打电话咨询绑定提现的银行卡对应的银行是否接收外汇转账。不同地区的外汇政策不同，有的银行不接收外汇，若不行，就需要更换银行网点再试。

（9）PayPal 账户里的款项应及时提出，不能长期存放。PayPal 更倾向于保护汇款方（即买家）利益，一旦汇款方提出异议或者投诉，要求退款，我们 PayPal 账户里的款项将会被冻结，需要联系 PayPal 客服解冻，解冻成功才能取出，解冻不成功则会全部损失。因此，建议收款一笔就提现一笔。

第四节　信用卡付款有哪些注意事项

在外贸中，有相当一部分客户喜欢使用信用卡付款。那么，信用卡支付对客户来说有什么好处吗？我们需要注意什么？

一、什么是信用卡付款

我们需要先了解信用卡的特性。信用卡的确切概念是贷记卡（credit card），不同于我们在国内常用的借记卡（debit card）。二者根本的区别在于：

前者先用钱，后还款，相当于从发卡银行借了笔钱，且有一定天数的免息期，免息期后要收取一定的利息；后者先存钱，再用钱，用的全是自己的钱，没有手续费。

客户为什么喜欢用信用卡付款？原因有 3 个：

（1）普遍。很多国家，尤其是欧美国家的信用体系已经完善，信用卡非常普及。国外买家基本都有信用卡，而且都有使用信用卡消费的习惯。

（2）方便。买家在平台上购买东西只要绑定信用卡就可以完成付款，非常方便。

（3）不占用资金。使用信用卡是预借资金消费，买家从自己的信用卡上发出支付指令给发卡银行，由银行垫钱给卖家。

二、外贸中使用信用卡的渠道

买家可以直接卡对卡付款。使用国际信用卡的在线支付通道，客户用信用卡付款，商户可以即时看到货款支付情况，之后发出货物。货物妥投（即客户签收货物）15 天后开始结算费用，平台按照客户支付时的汇率将货款结算成人民币打到商户在平台上绑定的国内银行账户。

买家也可以使用 PayPal 的信用卡通道付款。PayPal 是商户的 PayPal 账户与客户的 PayPal 账户之间的资金流通平台，很多商户 PayPal 账户里的钱是由客户通过信用卡支付的。信用卡通道是第三方支付与银行及信用卡组织合作开发的一条支付通道，国外的客户通过这个通道输入信用卡的相关信息就可以直接付款，这对国外买家来说非常方便、快捷。信用卡支付符合欧美客户的消费习惯，适合小额汇款，所以很多国外买家经常用信用卡付款。

三、使用信用卡收款的风险

客户使用信用卡支付，我们可以正常收款，但是一旦出现纠纷，比如客户要求退货或者要求索赔，客户只要提供交易的证据，信用卡公司就可以无条件把钱退给国外买家，即使货款已经到我们的账户，也依然会被退款。因此，对卖家来说，很容易造成钱货两空的麻烦。在国际贸易中，有很多不良买家会利用信用卡的这一个特性骗货。所以，当客户要求使用信用卡付款的时候，我们应该拒绝，然后建议客户使用电汇或者其他方式。

第五节 收款相关案例

我们在外贸交易中难免遇到欺诈行为，最常见的是收款诈骗。骗子的诈骗手段很多，我们一不小心就会落入陷阱。在此分享两个真实案例，给大家作为前车之鉴。

一、PayPal 钓鱼①

很多居心不良的国外买家会利用 PayPal 保护汇款方这一规定，专门诈骗中国卖家，导致中国卖家损失惨重。这样的事情在近两年比较常见。

国外骗子，尤其是美国的假买家，会冒充大客户来询价。例如，Sindy（辛迪）收到的这个询盘。

案例 7-1 Sindy 收到的诈骗询盘

Hi Sindy,

I would like to know the price for The Best Tank Mini.

I am interested in buying 500 Sets.

Please provide us with a quotation.

Thank you.

---

① 钓鱼：即网络钓鱼，是通过大量发送声称来自银行或其他知名机构的欺骗性垃圾邮件，意图引导收信人给出敏感信息（如用户名、口令、账号、ATM PIN 码或信用卡详细信息）的一种攻击方式。

Gang

邮件的大致意思是我喜欢迷你坦克电子烟，采购数量是 500 个，请提供报价。钓鱼邮件差不多都是这个类型。Sindy 正常回复了邮件。

Hi Gang，

Glad to serve for you. If you order 500 sets，we can offer you $69 per set with 100 % original Mini Tank kit. You can get the package in 3 ～ 6 days after your payment.

Any other questions，please ask me freely，thanks.

Best Wishes，

Sindy

Sindy 这封邮件的意思是：如果你购买 500 个，我们的单价是 69 美元。你在付款后 3 到 6 天可以收到货。

客户问："Can you give me the best price please? "（你能给我最好的价格吗？）

Sindy 接着问："What is your best price?"（你预期的价格是多少？）

客户回复："28 美元。"

这个价格是不可能做到的，Sindy 回复："正品的价格不可能这么低，我们会亏本。仿品或许可以卖到这个价格，但是仿品是侵权的，而且质量不好，建议不要为了便宜买仿品。"之后客户就再也没有回复。

我们要谨防这种询盘。这类客户很有可能是诈骗的。钓鱼客户会专门针对中国山寨、仿品，编造各种询盘来诱导商家使用 PayPal 付款，而且金额还不小。等到客户收到货之后，就在 PayPal 上以"仿品或者侵权"的名义起诉商家，PayPal 会把我们的收款账号冻结，我们甚至还会惹上官司，只能自认倒霉。

这类钓鱼邮件的特点大致有以下几个：

（1）冒充大客户；

（2）询盘只问价格和数量；

（3）谈判过程异常顺利；

（4）主动要求使用 PayPal 付款；

（5）客户的阿里巴巴账号是新账号；

（6）不愿意多聊，很少回答我们提出的问题。

所以，使用 PayPal 收款后应当尽快提现。这样不至于损失账户里的钱。万一遇到账户被冻结，我们可以按如下方式解决。

打电话找 PayPal 客服了解情况，看是什么原因使账户被冻结。不管 PayPal 多么偏袒汇款方，他们还是会回答我们的问题，给我们提出建议。然后，立即找客户，询问其为什么投诉我们。如果不是恶意诈骗，客户则会配合我们进行处理。只要客户配合，就不是大问题。

客户不配合，连邮件都不回复怎么办？立即找不符点。比如客户投诉的是质量问题，我们就要给 PayPal 提供证据证明质量方面跟客户交涉过，是客户同意后才发货的。或者找不相干的不符点，我们可以说客户提供的港口不对、接收地址不符等，把能找到的不符之处尽量都找到。PayPal 也是按章程办事的，只要证明不是我们的问题，PayPal 就能判我们赢，账户就能解封，钱就会回到我们的账户。比如，客户投诉我们商标侵权，那我们就应该找出我们的商标和别人商标的不同之处，以及提供我们的设计理念和设计过程，以证明我们不存在侵权行为，是全新的品牌。只要能证明客户的投诉理由不成立，我们就能胜出。

二、已付款却未到账的蹊跷之处

案例 7–2　Ella（埃拉）遭遇先收手续费再付款客户

由于我们公司的美元账户还在办理中，我把老板娘的私人账号发给了客户。客户付款到我们老板娘的私人账户上，要我们做付款确认。总货款是98 898 美元，客户说把款打过来了，也给我们发来了银行汇款水单，水单上显示银行手续费为 1 977.96 美元。我们老板娘去银行没有查到货款。客户要我们先付手续费到他们西联汇款的账户上，他们再授权银行放款。

这个客户是非洲的，跟我对接的代理是德国人，他说他是从非洲移民到德国的。然而，他在 WhatsApp 上登记的却是中国重庆的手机号码。

订单的谈判过程比较顺利，客户很快就确认了订单。在谈判过程中，客户曾说不相信我们，我就发了我们公司的营业执照和工厂图片给他。我接触这个客户的时间差不多有一个月，但我总觉得他有问题。

当我看到 Ella 的描述时，就感觉这个客户可能是骗子，而且是个老道的骗子。如何判断一个客户是不是骗子？这其实没有一个硬性的标准，但进行非常规操作的都有可能是骗子。疑点越多，是骗子的可能性越大。针对 Ella 的情况，我们一步一步来分析疑点。

疑点一：先付手续费再放款

客户要求先付手续费到他们的西联汇款账户上，这是非常规操作。通常，客户都是直接付款给我们，不需要先付手续费。该客户在催付手续费的邮件中写道："Kindly send the sum of 197.7USD for release of the funds to destination account. This amount/tax is refundable and will be added to the 98 898.00USD transferred."（请将 197.7 美元的手续费汇款至我们的账户。此金额或税款可退还，并将被计入 98 898 美元的货款中。）

为什么转账需要手续费？为什么银行的手续费要交给客户？难道不应该是银行收取吗？金额为什么是 197.7 美元？这些疑问在邮件中都没有说明，邮件只说你们要先转钱给我，我才能放款给你。

暂且不谈这几个疑问，"先转账再放款"的操作也是"非常规"的，正常的客户不会提出这样的要求。由此可见，这个客户是骗子，想骗取手续费。

疑点二：银行手续费奇高

客户发来的水单显示银行手续费奇高：1 977.96 美元。这个数字是有问题的。从境外汇款到国内账户，银行最多收取 500 美元的手续费，一般是 50 美元～ 100 美元，收取 500 美元的都极少，更何况是 1 977.96 美元。

我们对比了水单上的 1 977.96 美元和客户邮件里的 197.7 美元。这两个数字很像，但小数点的位置不一样。那么，是骗子在制作假水单的时候打错数字了吗？本来想写 197.7 美元，结果写成了 1 977.96 美元？

所以，客户发过来的银行水单可能是假的。

疑点三：银行查不到货款

公司老板娘去银行没有查到货款。根据 Ella 的描述，客户是周一打的款，银行汇款到账时间一般是 2 ～ 3 天，但是我们周四还没有收到。同日，客户发来邮件催付手续费。

由此可知，收不到货款的订单一定有问题。

疑点四：客户身份成谜

据 Ella 所说，客户是非洲喀麦隆的，但是跟 Ella 对接的那个人是德国的，但更奇怪的是，他在 WhatsApp 登记的手机号居然是重庆的。于是，我们去查了客户邮箱的 IP 地址，结果更加出乎意料，他发送邮件的 IP 地址是美国的。那么，客户是从美国发来的邮件？不是非洲、德国、重庆，而是美国？客户的身份成谜，也不知道他到底在哪儿。

由此可见，客户的 IP 地址作假。我们怀疑这个骗子就在重庆。现在很多骗子不是外国人，而是略懂外贸的中国人，他们知道外贸业务员的心理弱点，并加以利用。

疑点五：订单谈判过程异常顺利

客户很快就确认了订单。这算疑点吗？有些爽快的客户就是会很快确认并付款，但我们这里说的“顺利”指的是：不问价格、不问交期、不确认产品细节就付款。试问，一个真正做生意的客户，爽快付款却一点也不关心价格和产品，他难道不担心价格太高没有利润吗？也不关心产品质量奇差无比会给他带来损失？

所以，什么都不问就下单的客户一定有问题。

疑点六：“贼喊抓贼”

骗子客户先怀疑卖家是骗子。Ella 说在谈判的过程中，客户说不相信他们，然后她给对方发了公司的营业执照和工厂图片。乍一看好像也没什么奇怪的，客户质疑也很常见，但是如果这一条与以上 5 个疑点同时出现，则基本上可以说明，这只是客户打消卖家疑虑的手段罢了。

疑点七：银行电话是假的

Ella 托非洲的朋友查了银行水单上的银行电话，那个电话根本不是银行的。这说明什么？说明水单是假的，客户也是假的。这么多的疑点集合起来，基本上可以判定 Ella 遇到骗子客户了。

所以，即使客户称已经付款，甚至发来银行水单，我们也不要着急生产，更不要发货，必须等货款到账，才能发货。Ella 的案例并不在少数，我们一定要警惕这样的骗子客户。

第八章

常见风险

外贸交易过程长、事情多，风险也很多。
一个细节、一件小事都可能使我们遭受损失。
不过，大多数风险都可以提前预防和规避。
本章主要告诉大家注意事项和需要规避的风险，
避免个人或者公司的利益受损。

第一节 外贸新人需避开的五个“坑”

有很多刚入行的外贸新人不知道在外贸工作中需要注意什么，更不知道会遇见哪些“坑”。以下五个坑是外贸新人经常碰到的，我们要懂得避开。

一、混淆贸易术语

做外贸的人不全是国际贸易专业的，对基本的国际贸易术语了解不多，或者感觉书本上的知识跟实际对不上。所以，经常有人掉进贸易术语的“坑”里。

案例 8-1 外贸新人小 A 混淆 FBO 和 CIF

我前几天费了九牛二虎之力搞定了菲律宾客户，本想着发完货订单就暂时告一段落了，没想到今天货代跟我说要收 220 美元的运费！我估算的运费是 80 美元，跟客户沟通了半天才发现，客户要求的是“FOB（send the goods to my boat）”，我就按照 FOB 报了价，结果客户的意思是 CIF，也就是要求我们将货物运至他们的目的地，其中包括了运费（快递）和保险费。我真是欲哭无泪，这次亏死了。

其实，很多外贸业务员，包括国外客户，并不能完全理解每一个贸易术语。在实际交易中，大部分贸易术语都是混用的，EXW 与 FOB 就经常混用，在使用快递运输方式时，它们表达的是同一个意思，即工厂交货，原因是，此时快递会上门收货，这部分费用可以忽略不计。如果使用海运方式，那么 FOB 比 EXW 多了从工厂运货到出发港口的费用。

如案例 8-1 所述，这个“坑”掉得很冤。按客户的意思，他说的“my boat”是泛指目的地的意思，也就是 CIF，和“将货物运送到出发港口的船只上”的 FOB 条款相去甚远。我们没有跟客户确认贸易条款，吃的亏只能自己承担。在实际的业务交涉中，我们会遇到各种各样的客户，他们有各种不同的表达，所以在我们没有完全弄清楚货运方式的情况下，要反复与客户和货代确认。

二、选错付款方式

常用的付款方式有电汇（T/T）、贝宝（PayPal）、西联汇款（Western Union）。我们要清楚这 3 种收款方式的利弊，否则一不小心就可能掉到坑里。

案例 8-2　外贸新人小 B 被收高额手续费

客户好不容易同意了我的价格，我想让客户早点付款，好把订单敲定。客户不会用电汇，想用西联汇款支付货款，但是我们还没有开通西联汇款账户。我们尝试开通西联汇款账号花费了两天时间，但没有成功，再拖下去客户都要跑了。于是我们提议客户用 PayPal，结果 PayPal 扣了我两百多美元的手续费。这单本来还能赚点，现在相当于白干了，太可惜了。

作为外贸业务员，一开始就应该把这些付款方式了解清楚。否则，就会莫名其妙掉“坑”里。

贝宝（PayPal）

PayPal 的手续费是阶梯式的，费率从“3.4%+0.3 美元”到“4.4%+0.3 美元”不等。阶梯费率由卖家的月销售额决定。收款金额较小时，PayPal 比其他的支付方式要便宜很多；收款金额较大时，比如几千美元或者几万美元，其手续费就会有好几百美元，还是比较高的。所以，当收款金额较大时，不建议使用 PayPal 收款。一般使用 PayPal 收款，都由买家来负担手续费。

西联汇款（Western Union）

西联汇款收款速度快，几分钟就能到账。它的流程是先付款后发货，保障卖家利益，但需要注意的是，提款需要 MTCN 追踪号，且提款前买家可以随时更改付款信息，可能导致卖家不能提款。西联汇款也只针对小金额收款，大金额收款的手续费很高。

电汇（T/T）

通过电汇方式付款，客户可以直接汇款到卖家的银行账户。从汇款至到账一般需要 2 ~ 10 天，不同国家的银行账号的到账时间有所不同。电汇一般用于大金额交易，操作简单，收款安全。

信用证（L/C）

信用证只用于大金额交易。这种方式需要客户把货款先打到银行，银行基于双方的信用，对买卖双方都进行保障。信用证支付方式涉及诸多单证，若单证有不符点，银行则可能拒付，对卖家有一定风险，所以要谨慎使用。

三、工厂延迟交货期

工厂交货期也是常见的“坑”。我们在与客户约定的交货时间交不出货，把自己坑了，也把客户坑了。这种情况轻则被客户责骂，重则会给客户造成损失并且被要求赔偿。

案例 8-3　外贸新人小 C 遭遇工厂延期交货

我的第一个大客户，要货时间紧。我再三跟工厂强调要在本月 15 日出货，而且已经允诺了客户，结果今天一问，还需要 10 天，说是原材料不齐全，正在调货。工厂可以这样说，但客户不会接受。我该如何跟客户解释？

交货期的“坑”可能每个外贸业务员都曾掉进去过，而且还不止一次。所以我有必要总结一些绕坑的方法：

（1）根据自己工厂的情况，在允诺客户时，在工厂给的交货期上多加5 ~ 10天。

（2）若是急单，则应该告诉客户短期内无法完成，询问能否分批交货。分批交货涉及额外的运费及其他费用，要提前计算清楚并告知客户。

（3）建议客户提前生产下一批货。例如客户9月需要500套产品，我们可以建议客户生产600套，多出的100套作为10月的备用。

四、报错价格

这也是外贸人经常掉的“坑”。很多人不熟悉价格但又想及时回复客户，于是急急忙忙报了一个价格，结果报低了，使自己陷入尴尬的境地。这种情况一旦处理不好就可能把客户吓跑，让自己空欢喜一场。

案例 8-4　外贸新人小 D 报低了价格

我跟客户本来谈得很愉快，没想到工厂说原料涨价了，也就是说我之前的价格报低了。我要跟客户解释吗？客户会不会觉得我做事不靠谱，不愿意跟我合作了？如果不加价，这单就亏了，那肯定不行，我该怎么办才好？

价格是订单成交的关键。没有最终确定的价格不建议报给客户，即使客户很急、在线等，我们也要弄清楚价格再报给客户。否则，价格报高了，客户不理；价格报低了，我们又做不了。

那么，万一自己真的报低了，怎么办？在客户对产品需求表达不清楚的情况下，我们可以找个理由把报价换掉，比如说自己理解错了客户的需求，报错了价格，以求更正。若客户已经明确表示过要某一款产品，我们就应该直白地跟客户承认自己报错了价格，请求客户原谅。如果我们态度诚恳，则有可能挽回订单。最好不要报错价格，不管情况有多紧急，也要先确认好价格再报。

五、单据的“坑”

很多新人在刚进外贸公司的时候，由于没有熟悉公司流程，因此容易吃单据的亏。例如，单据上的数量、金额、产品名称等填错了，都会带来很多麻烦。

案例 8–5 外贸新人小 E“被”看错产品数量

我们是一家外贸公司，客户下单后，我们会做一个订单给工厂，订单上的产品数量一栏是“100ODERS”（100 套），工厂的人看成了 1 000 套。结果产品生产好了，我们核对数量时才发现多了 900 套。对于这 900 套怎么处理，大家商讨了很久，最后白白给工厂增加了库存。

单据一定要非常认真地审核。单据代表订单，内容错了，要想补救需付出代价，而且会徒增麻烦。所以，填好单据要多审核几遍再提交给工厂。案例 8–5 中的“100ODERS”容易让人混淆，可以直接用中文写 100 套，这样不容易看错。

第二节 四个不能碰的销售思维误区

外贸业务即是外贸销售，但很多人对销售存在误解。所以，我们要先学会避开这些常见的思维误区。我们不能被思维定式所困，走出误区才可以成为一个优秀的外贸业务员。

一、误区一：本末倒置

本末倒置的意思是业务员不思考怎么把货卖出去，而是先想客户是否对产品满意、怎么售后等。这是一个误区，很多人却浑然不知。

案例 8-6　小方担心的“售后”问题

我们行业比较新，刚刚兴起 2 年。大部分时间我都在寻找客户，但也担心产品方面的问题，害怕卖出去了，客户投诉，之后带来更多的麻烦。

小方会这样问，说明他们的产品很差，或者是他不了解市场。不管是不是新行业，产品如果有质量问题，是没有办法销售的。不销售，怎么售后？怎么担忧售后问题？所以，我们是不是应该先想想怎么提升产品的质量、把产品卖出去？

市场的规则是：“先卖出，而后再卖出”，而不是“先卖出，而后再也卖不出”。所以，销售是以提高产品质量为基础的。

二、误区二：试图让客户理解我们

我们总是习惯性地希望被别人理解，被朋友理解、被家人理解、被同事理解、被老板理解，也希望被客户理解。同理，客户也希望被理解。那到底是我们去理解客户，还是让客户理解我们？我们作为销售人员，难道要强迫客户理解我们吗？这显然不妥。

案例 8-7　不被客户理解的小明

我们的产品质量比同行好，价格自然比同行高出很多。然而，同行成套销售，价格很低，客户都愿意买他们的产品，这对我们的业绩冲击很大。我跟客户解释了很多，比如我们的产品之所以贵是因为质量好，但是客户根本不听，还是购买同行的产品。我明明是为客户着想，但是客户却不理解我。

不要试图让客户理解你，你们应该尽量满足客户的需求。你们为什么会输给同行？最根本的原因是产品没有满足客户的需求。客户需要成套的产品，而你非要单件销售，能不输吗？客户关注的是价格低，而你非要强调质量好、价格高，能卖出去吗？

卖出去的基本前提是满足客户需求。在没有满足需求的前提下，一味地强调产品质量，盲目地希望被客户理解是可笑的。客户不需要的东西，你说得再好也是徒劳。

三、误区三：过分纠结产品的缺陷

我们经常纠结自己产品的不足之处，比如外观没有别人好看、材质没有别人好、部件没有别人牢固等。太过于纠结产品的缺陷，容易让我们失去对产品的信心和销售的热情。

案例 8-8　小兰不想卖产品给客户

我们这个产品使用的零件跟国外产品的不一样。所以，我一直劝客户买国外那种更好的，但是客户觉得贵。这种便宜的用不了多久可能就坏了，我不能卖给客户，但是不卖的话，我就没有业绩，我该怎么办？

几乎所有的产品都有缺陷，所以才有“一分钱一分货”的说法。合理的产品质量加上合适的价格，再对应上恰好的需求，就构成了产品的价值。没有人规定，产品一定要达到顶级质量才能销售。

四、误区四：过分纠结产品价格

我们都知道价格很重要，它决定着客户是否下单。过分纠结产品价格会让我们自然而然地把销售不出去的理由归结为“价格高”，这样的销售心理有害无益。

案例 8-9　小刚纠结的产品价格

我们是贸易商，是从工厂进货的。我们的价格比同行都要高，所以产品比较难卖。客户一看我们的价格高，就不想跟我聊了。价格高是硬伤。

产品能不能卖出去，会被价格影响，但不会被价格决定。真正决定产品能不能卖出去的是“合理的定价”。那什么是合理的定价？就是你的产品要能配得上你的价格。你要能解释清楚为什么价格这么高，因为产品质量好、售后好，还是物流服务好？定价若合理，就没有卖不出去的产品。

第三节　典型的销售沟通失误

作为外贸业务员，我们的职责就是帮助客户了解产品、明确需求、促成交易。然而，业务员经常出现沟通上的失误，导致“无订单”或者“订单流失”的情况发生。所以，我们应该时常反思自己，对于客户的问题，我们认真地回复了吗？认真地解决了吗？

一、沟通失误的 3 种情况

以下 3 种情况属于典型的沟通失误。这是大部分业务员在业务谈判过程中存在的问题。

抱怨客户不下单

沟通场景再现

A 业务员：对客户说，“我天天陪你（客户）聊到半夜，这么长时间了，

（你连个样品单都没下过，谁还要服务你？"说完把客户骂了一顿。客户气不过，与 A 对骂。（A 不仅一腔愤怒，而且没换来订单。）

沟通失误的原因

对于 A 业务员，为什么客户不给你下单，你就要骂他呢？他凭什么给你下单？只因为你熬夜陪他聊天吗？陪他熬夜聊天的人肯定不止你一个，你骂他，他肯定会离你而去。骂客户是不尊重客户的表现，是外贸沟通中的大忌。

给出与客户需求不匹配的建议

沟通场景再现

B 业务员：我跟客户说了，他那个房子用不了 120 厘米的地板砖，90 厘米的就够了，他非要用 120 厘米的，这个客户是不是傻？（不知道客户是不是真的傻，反正订单没有下给 B。）

沟通失误的原因

B 业务员的问题其实不是很明显。很多业务员都是这样，明明对产品了如指掌，问题回答得很专业，给客户的建议也非常合理，但客户就是不下单。原因是你没有好好倾听客户的心声，没有尊重客户的意愿。客户想要 120 厘米的地板砖，你问过他为什么 90 厘米的就够了，却想要 120 厘米的吗？没有，你只是自顾自地给出了自己所谓的"专业建议"，强迫客户接受你的想法，这显然是不恰当的。这就是我们很专业，产品也很合适，客户却没有下单的症结所在。

不敢问客户问题

沟通场景再现

C 业务员：客户没有告诉我他的详细地址，我不能计算运费，怎么做形式发票（PI）？我问太多，客户会不会烦？（如果不知道详细地址，就胡乱做了 PI，你觉得客户的反应会是什么？）

沟通失误的原因

C 业务员看上去问题不大，而且很多人都是他这样的反应，因为害怕客户觉得烦，担心客户觉得自己不够专业，所以不敢问问题。不管是高傲还是卑微，结果都是一样的——客户没有下单。为什么？因为地位不平等。凌驾于客户之上是绝对不行的，但是屈尊于客户之下、唯唯诺诺的沟通，也会让客户怀疑你是不是值得信赖、你的产品到底好不好，产品好的话，为什么你讲话一点底气都没有等。

大部分人都遇到过C这样的情况，那么我们应该如何做？尽量一次性把问题问完。即使有遗漏，也应该大方、勇敢地问客户，客户最在乎的不是你专不专业，而是你能不能给他提供安心的服务。

平等、尊重、倾听、配合就等于良好的沟通。在业务谈判中，良好的沟通比所谓的专业更重要。还有一点需要关注，那就是感恩。很多人认为客户下单给我们是天经地义的，他给钱，我替他做事，再正常不过了。然而，如果多点感恩，多点人情，就可以在冰冷的金钱交易基础上多一点其他的可能性，比如互相介绍资源、交换商业信息，甚至是成为跨国好友。

我们要学会和客户平等地沟通，学会与客户换位思考。这样做了之后，我们会发现，沟通没有那么难，收获订单也没有那么难。

第四节　什么样的工厂不能合作

对于贸易商，选择什么样的合作工厂至关重要。贸易商与工厂是“一荣俱荣，一损俱损”的关系。站在贸易商的角度，我们怎么去选择一个合适的工厂？什么样的工厂是不能合作的？这一节将告诉大家应该规避哪些不良的工厂。

一、质量差的工厂

工厂的产品质量应当在中上等，只有能保证质量，才有长久合作的可能。

在我们与工厂正式合作之前，我们应该先测试样品，让工厂寄样品过来或者实地拜访工厂。只有样品质量过关，我们才能考虑跟他们合作。

二、不配合的工厂

不管工厂的规模是大是小，资历是深是浅，员工人数是多是少，我们都只需关注工厂的配合程度。通常来说，大工厂（工人多、订单多）会比较傲慢，优先生产大订单，对小订单一拖再拖。

有一次，我们在某平台上看到一家有 11 年历史的工厂，规模、评价都很好，于是我们就去谈合作。谈合作的时候很顺利，签订了合同，交货期、定金都说得很清楚，而且我们是常规的产品，出于信任，我们几乎不催工厂的进度，偶尔问一下进度，工厂都说一切正常。临近交货期，我们要去提货，请工厂准备一下，工厂先是没有回应，我们打了几次电话，工厂说还没有生产完，让我们再等等。这下我感觉事情不妙，直接去了他们工厂，发现工厂确实在正常生产，但是产品线上没有我们的产品。我询问工人，工人说他们最近接了一个几百万美元的订单，其他订单全部延后了。

我质问厂长，“还有 5 天交货，你们单都没有排？不是应该按下单顺序生产吗？”厂长回应，“我们会尽快生产，按时交货。”我说，“你们这样做生意可不行。先不说合同上是怎么写的，你们的品牌有 11 年历史了，你们就是这样做事的吗？”这时候厂长也不耐烦了，他说，“我们是不是要先完成老客户的订单？你们的订单量也不大，而且现在也没到交货期，我们能按时交货不就行了？”我们的产品组装工序复杂，5 天根本不够。为了避免出现问题，我继续找合作工厂。我在一天之内找到了一个小工厂，只有十几个人，帮忙同时生产。最后，在约定的交货期当天，大工厂出 60% 的货，小工厂出 40% 的货，顺利出货给客户。

虽然这次的插曲对我们的影响不是很大，但也可以看出，工厂的配合程度比所谓的“11 年品牌”重要。大工厂剩下的 40% 的货怎么办？我们让工厂生产出来后留作备用了。不过，之后的订单我们慢慢转交给了小工厂。

三、狡诈、无赖的工厂

工厂的领导要正直、讲诚信、说到做到。这样的人宁愿自己吃点亏，也不让客户亏损太多，愿意承担风险。工厂的领导绝对不能狡诈、无赖、不守信。

有一次，我们联系的一个工厂，寄来了样品，我们检验之后发现质量不错，于是答应把订单给他们。后来，因为物料涨价，所以他们私自选用了较差的物料投入了生产，但是并没有跟我们说。我们如期去工厂验货，工厂拿出了部分产品让我们检查，检查没有问题。发货半个月后，我们的客户反映有三分之一的产品质量不合格，对客户的产品销量和信誉造成了非常大的影响。

客户用 Skype 直播了整个验货过程，证明是产品质量的问题。我们把这些视频发给工厂，说产品质量不合格，工厂要赖不肯承担责任。我们没有办法，毕竟货款已经支付给他们，现在也不能让客户把产品退回（如果退回会额外产生一笔运费），我们跟工厂说，“我们这个客户的订单量很大，服务好了还会有很多订单。这次得罪了客户不值得。你们发个邮件跟客户承认是你们的失误，然后我们也跟客户谈下，争取降低索赔金额。”工厂起初不同意赔偿，还强词夺理地说客户故意栽赃。经过一番沟通劝导，我说我们马上又有一个大客户要下一百多万的订单，这些订单可以给他们做，只要他们好好配合。最后，工厂同意承担责任，但只承担 60% 的赔偿款，剩下 40% 的赔偿款由我们出。为了留住客户也只能这样了，但是再想让我们跟这个工厂合作就不可能了。

四、思维死板的工厂

有一段时间，手指猴玩具是爆款产品，我们公司也在售卖。这款产品有市场，但是国外市场的需求是原版产品。很多厂家为了节约成本选用了便宜的电路板，传感器也偷工减料，出来的成品不是功能不全就是感应不灵敏。

于是，我在跟工厂交涉的时候说，客户要的是功能齐全且感应灵敏的原版手指猴玩具。工厂觉得做原版的产品没有钱赚，市场上大部分都是价格低廉的残次品，质量好成本就高，成本高定价就高，定价一高就没办法卖出去了。我说，“你们的市场是国外市场，不应该跟国内残次品拼价格，只做内销能卖出去多少？”工厂老板想了想，表示不行，一直以来他们都是卖低价产品的。我说，“你们一味追求低价，不保证产品质量。质量都不达标，怎么可能有市场？”我极力劝说，他还是拒绝我的要求，我也只能放弃。

这个工厂老板延续的还是很多年前的旧思维。遇到这样的工厂，我们就没必要纠结了，继续寻找其他合适的吧。

五、管理层复杂的工厂

我见过最复杂的工厂领导层关系是：财务是老板娘，厂长是老板的兄弟，仓库管理员是老板的弟妹，跟单员是老板娘的侄子……我去谈合作的时候，老板说这个事情你要问我老婆，老板娘说生产的事情我不清楚，你还是问厂长吧，厂长说，你等我问下仓库……一来二去，工厂确认个事情用了半天时间。

管理层关系简单的工厂，一个人就能做主，不需要东问西问才能做一个决定。我们不能选这样的工厂，沟通效率太低。

六、无商业道德的工厂

工厂应该遵守基本的商业道德，积极配合贸易公司，不抢贸易公司的客户，还应诚信，凡事要提前跟外贸公司沟通，尽量高效配合，不隐瞒、不拖延。工厂应该明白，如果合作对象是贸易公司，那么他们应该站在同一阵线，而不是为了拿到订单隐瞒、拖延，导致贸易公司失去国外客户，与工厂决裂。

工厂能同时规避以上问题是最好的，但是有时候时间紧迫，我们找不到合适的工厂怎么办？那么，工厂第一要能保证产品质量，第二配合程度要高。如果时间充足，则可以慢慢寻找工厂，前期多花时间和精力，后期就会省力很多。避免因为与工厂的沟通失误而失去辛苦开发的国外客户。

做外贸很辛苦，一方面要挖掘客户，寻找订单；另一方面要满足客户要求，留住客户。因此，如果能解决工厂的问题，我们就会轻松许多。

第五节 外贸人防骗必看的诈骗邮件集合

外贸人最常遇见的骗术都隐藏在邮件中。我们会收到很多诈骗邮件，不注意或没经验的人就会落入陷阱，造成金钱上的损失。这一节将主要介绍诈骗邮件的类型以及如何防骗。

一、诈骗邮件是什么样的

笔者的公司每年总共能收到两百多封诈骗邮件。我们将收集到的诈骗邮件大致分成 3 类。这 3 类诈骗邮件最为常见，我们有必要知道诈骗邮件长什么样，以便规避风险。

链接附件型

链接附件型诈骗邮件，顾名思义，就是带有不明链接或者奇怪附件的邮件，如图 8–1、图 8–2、图 8–3 所示。

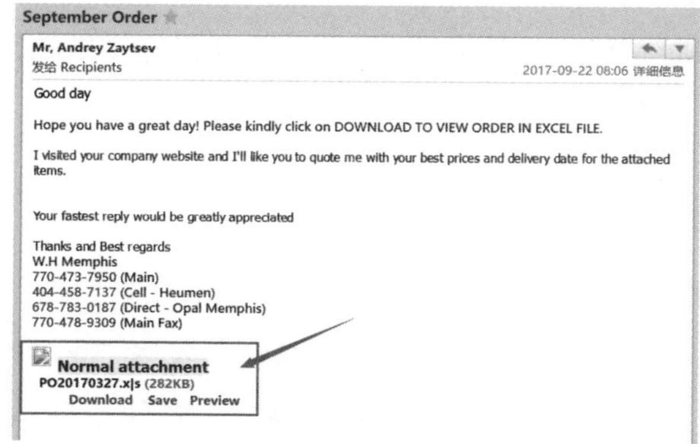
September Order

Mr, Andrey Zaytsev
发给 Recipients 2017-09-22 08:06 详细信息

Good day

Hope you have a great day! Please kindly click on DOWNLOAD TO VIEW ORDER IN EXCEL FILE.

I visited your company website and I'll like you to quote me with your best prices and delivery date for the attached items.

Your fastest reply would be greatly appreciated

Thanks and Best regards
W.H Memphis
770-473-7950 (Main)
404-458-7137 (Cell - Heumen)
678-783-0187 (Direct - Opal Memphis)
770-478-9309 (Main Fax)

Normal attachment
PO20170327.xls (282KB)
Download Save Preview

图 8-1 带有奇怪附件的邮件（1）

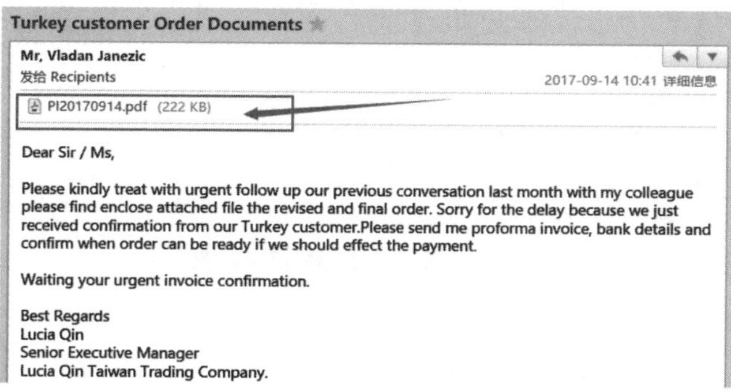
Turkey customer Order Documents

Mr, Vladan Janezic
发给 Recipients 2017-09-14 10:41 详细信息
PI20170914.pdf (222 KB)

Dear Sir / Ms,

Please kindly treat with urgent follow up our previous conversation last month with my colleague please find enclose attached file the revised and final order. Sorry for the delay because we just received confirmation from our Turkey customer.Please send me proforma invoice, bank details and confirm when order can be ready if we should effect the payment.

Waiting your urgent invoice confirmation.

Best Regards
Lucia Qin
Senior Executive Manager
Lucia Qin Taiwan Trading Company.

图 8-2 带有奇怪附件的邮件（2）

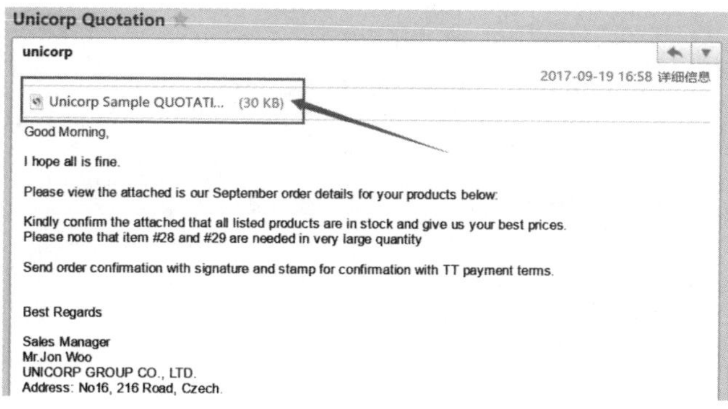
Unicorp Quotation

unicorp
2017-09-19 16:58 详细信息
Unicorp Sample QUOTATI... (30 KB)

Good Morning,

I hope all is fine.

Please view the attached is our September order details for your products below:

Kindly confirm the attached that all listed products are in stock and give us your best prices.
Please note that item #28 and #29 are needed in very large quantity

Send order confirmation with signature and stamp for confirmation with TT payment terms.

Best Regards

Sales Manager
Mr.Jon Woo
UNICORP GROUP CO., LTD.
Address: No16, 216 Road, Czech.

图 8-3 带有不明链接的邮件

图 8-1、图 8-2、图 8-3 中标出的都是不明链接或奇怪附件，点击链接或

附件会跳转到其他页面或者链接本身就是病毒。所以，这类诈骗邮件统称为“链接附件型诈骗邮件”，是最常见的一类，也是最好辨别的，我们对这类邮件的防骗能力比较高。

循循善诱型

这类诈骗邮件比链接附件型要高明一点，不太好辨别。这类诈骗邮件在第一封邮件中没有链接，也没有附件，会简单表达“我对你们的产品有兴趣”“希望合作”“请发报价单给我们”或者“请发送你们公司的信息给我们”等，如图 8-4、图 8-5、图 8-6 所示。

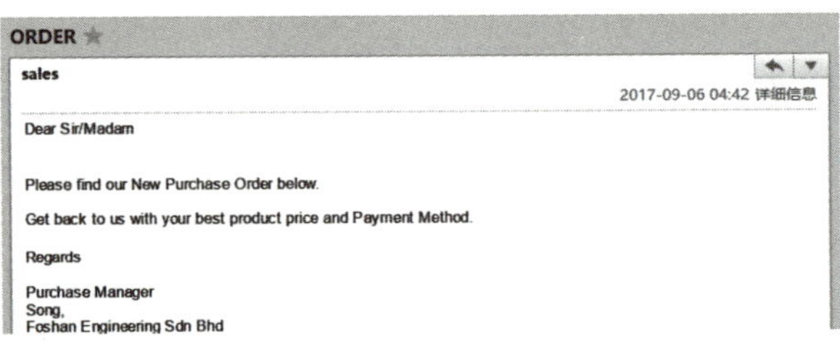
ORDER
sales
2017-09-06 04:42 详细信息
Dear Sir/Madam
Please find our New Purchase Order below.
Get back to us with your best product price and Payment Method.
Regards
Purchase Manager
Song,
Foshan Engineering Sdn Bhd

图 8-4 循循善诱型诈骗邮件示例（1）

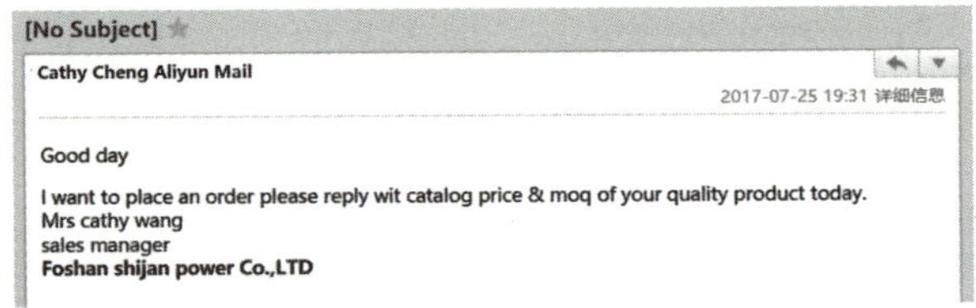
[No Subject]
Cathy Cheng Aliyun Mail
2017-07-25 19:31 详细信息
Good day
I want to place an order please reply wit catalog price & moq of your quality product today.
Mrs cathy wang
sales manager
Foshan shijan power Co.,LTD

图 8-5 循循善诱型诈骗邮件示例（2）

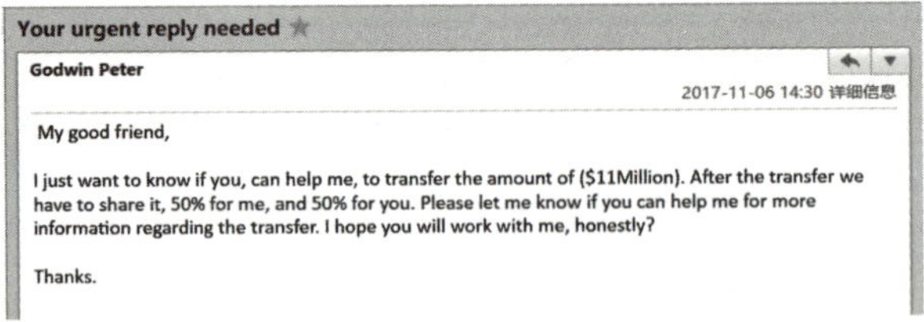
Your urgent reply needed
Godwin Peter
2017-11-06 14:30 详细信息
My good friend,
I just want to know if you, can help me, to transfer the amount of ($11Million). After the transfer we have to share it, 50% for me, and 50% for you. Please let me know if you can help me for more information regarding the transfer. I hope you will work with me, honestly?
Thanks.

图 8-6 循循善诱型诈骗邮件示例（3）

乍一看，这类诈骗邮件与客户发的邮件没有什么区别，所以很多人会上钩，按照对方要求发送报价单和公司资料。殊不知，骗子的“狐狸尾巴”很长，他们的战术是先慢慢让我们放松警惕，到了要付款的阶段才把“狐狸尾巴”露出来，比如让我们点击不明链接或者奇怪附件。这时候，如果我们没有警觉性，就会上当。

这类邮件不是通过一封邮件达到诈骗的目的，而是伪装成客户慢慢地让我们放松警惕、上钩。

高明冒充型

这类诈骗邮件，应该是我们目前见过的最高明的诈骗邮件，无声无息就能骗到我们。很多经验丰富的外贸人，也会上当，如图 8-7 所示。

图 8-7　冒充阿里云工作人员发送的诈骗邮件

骗子冒充阿里云的工作人员（我们使用的是阿里云邮箱）给我们发送邮件，说账户有问题，需要确认。通常，我们对此没有什么戒心，或者碍于这是一个重要邮箱，出问题就收不到客户邮件的心理，我们会去点击邮件里的链接。如果点击之后出现的页面是一个奇怪的网页，要求我们输入密码，那么我们就能第一时间识别骗局，但是这个骗术的高明之处就在于：我们点击链接之后出现的网站页面跟阿里云邮箱的一模一样，我们不会想到这是一个诈骗邮件，会以为真的需要验证，然后就上当了，把账户和密码都泄露给了骗子。

诈骗邮件的特点

总结一下，诈骗邮件有 4 个特点：

（1）邮箱是陌生邮箱，即不是我们熟知的客户的邮箱；

（2）邮件标题通常简短且具有诱惑性，如 Order（订单）、Pre-order（预订订单）、PI（形式发票）等；

（3）邮件内容空泛，没有指明具体需求；

（4）第一封邮件就带有不明链接或者附件，邮件内容是引导我们点击链接或者下载附件。

只要我们遇到具有这些特点的邮件就应该多留心，很有可能是骗子发过来的。如果我们认为其是诈骗邮件，那么我们可以直接把他们的邮箱拉黑或者删除邮件。

二、怎样应对诈骗邮件

骗子通过邮件骗取我们的邮箱账号和密码后，就可以监视我们与客户的沟通过程，甚至冒充我们和客户聊天，等到与客户沟通到付款环节，就把我们的收款信息改成骗子的收款账户，客户就会把钱打给骗子。有的骗子是想攻破我们的电脑，拿到我们其他的账户密码，比如购物网站密码、银行密码等，可能短短几分钟，我们就会损失惨重。

那么，我们遇到诈骗邮件要怎么做？

对于链接附件型诈骗邮件，只要是带有不明链接、附件的邮件，就有80%的可能是诈骗邮件。虽然我们对这类邮件的防骗能力最高，但是很多人还是会抱着侥幸心理去点击其中的链接或附件。如果没有办法判断，那么就打开链接或附件，根据内容定夺；如果出现输入邮箱密码或者其他密码的页面，则基本可以认定为骗子，应立即删除邮件，并及时给电脑杀毒。

对于循循善诱型诈骗邮件，我们要保持警惕。这类邮件并不好判断，要随时查看邮件的状态，并经常给电脑杀毒。

对于高明冒充型诈骗邮件，如果是第一次遇见，那么很有可能会上当，但我们了解了它的诈骗手段后，就应该多加防范。万一中招，我们要在最短的时间内修改密码，给电脑杀毒。

第六节 外贸中的情感比例失衡

我们在外贸中的情感比例失衡易导致出错。这是笔者由刚从事外贸时候经历的事件得出的感悟和总结的经验。每一个小客户都有可能成为大客户，这里的大小指的是订单金额的大小，从几百美元到几千美元再到几万美元，与其说是客户变大了，不如说是客户对我们的信任感增强了。曾有人问：“客户是不是应该被捧着？”我可以肯定地回答，“是的，要捧着，而且要好好捧着。”

有人可能会问，那意思是我们要处处顺着客户？不是的，买卖双方的地位是平等的，我们的心态要放正，以一个平等的姿态、像朋友一样去跟客户沟通。有句话是“客户虐我千百遍，我待客户如初恋”，乍一听好像有道理，但是我认为我们与客户之间更应该是朋友关系，不存在百般顺从的情况。如果客户过分骄纵，那么我们也应该适当回击。

我认为我们在业务中的情感付出比例应该是 7 ∶ 3，我们付出的情感占比是 70%，毕竟我们要靠客户吃饭，面对如此多的竞争对手，必须多付出一些情感。如果情感付出超过 70%，就说明我们过于卑微。什么样的行为可以被理解为超过 70%？客户不付款，我们心急如焚，穷追不舍催付款；客户不回复，我们进行邮件轰炸，不停打电话；客户对产品不满意，我们谩骂客户等。这些不理智的行为正说明我们内心是卑微和缺乏安全感的。

如果客户的情感付出能超过 30% 甚至向 50% 靠近，那么说明你是个成功的销售。因为 5 ∶ 5 才是最平衡的比例，说明客户信任你。

那如果我们与客户的情感付出比例是 6 ∶ 4 呢？那我们要开始反省了。如果客户的信任使我们懈怠或者疏忽了，可能就会出问题。

案例 8-10　我辜负了美国客户的信任

我的一个美国客户，是我的老客户了，人很好，也很爽快。我与客户的情感付出比例从一开始的 7 ：3 变为后来的 6 ：4，客户越来越信任我。直到碰到一个订单，我在跟他沟通订单的问题时，他总是说“没关系，你来安排，我相信你的安排是最好的”。结果，有一个问题被我疏忽了。其中一些产品的质量不怎么好，但是我没有跟客户去交涉，我觉得客户让我自己安排，那我看着办就好了，就这样给客户发了货。

结果，那些产品因为质量问题没办法销售。客户很客气地跟我反映了问题，要求赔付 800 美元。这个金额说多不多说少不少，我们老板肯定不愿意赔偿，但是我肯定是要赔偿的，我不想失去这个客户，另外也是出于基本的责任心。于是我做好了自己赔偿客户的心理准备。我很大气地跟客户说，我们绝对会给予赔偿。

800 美元并不少，如果由我承担，则未免太多，于是我打出了感情牌，动之以情晓之以理，最后客户答应赔偿 300 美元。我非常感谢这个客户给予我的理解与退让。从中我也领悟到一点：不管客户多么随和，我们都不能对客户敷衍。

跟客户洽谈好之后，我跟老板汇报了这个事情，我并不奢望老板答应赔付 300 美元，我们公司比较小，所以老板可能不愿意赔付。结果，老板说了我几句，让我以后谨慎细心，避免再出现这样的损失，并且愿意偿付。这件事就这样解决了，不是完美的结局，但已经是目前最好的结果。

我是怎么晓之以理，动之以情，让客户同意降低索赔的？我的思路是这样的：遭受损失是我们和客户都不愿意看到的，所以我们只要合理地做出反应，赔偿金额从 800 美元降到 300 美元是有可能的。“晓之以理”的理指的是，告诉客户为什么出现这样的失误，先坦诚自己的过失，再跟客户解释外界因素的影响；“动之以情”的情指的是，基于长期的合作和客户的信任，只要我们的态度是积极坦诚的，客户就会相信我们。

这个事情告诉我们，这样的错误完全可以避免，只要我们多花点心思平衡与客户的关系就不会出现这样的损失。因此，越是信任我们的客户，我们越不能掉以轻心。

第七节　外贸客户常问的六大问题

不同的客户有不同的关注点，但有一些问题是他们都会关注的。以下六个问题就是我们经常碰见的。

一、问题一：请提供报价单

“Please send me the price list”（请提供报价单）。在这样的情况下，我们应该怎么做？

如果客户明确指出比较中意某款或者某类产品，那么发什么样的报价单，我们也比较清晰，即给客户发送客户感兴趣的产品的报价单即可。如果客户只是笼统地要求报价，没有指明喜欢什么产品，那么我们可以把我们有优势（质量好、性能好）的主推产品以及一些正在促销、有价格优势的产品的价格表发给客户。在不清楚客户需求的情况下，质量和价格是能抓住客户的首要因素，报价单也需要从这两点出发进行制作。

同时，制作报价单的时候要注意备注报价有效期，如“Quote validity period：From February 20th, 2019 to May 20th, 2019”（报价有效期：2019 年 2 月 20 日至 5 月 20 日）。报价单的变化跟产品有关，在通常情况下，产品价格的变化不会很频繁，将报价的有效期设置为一年是没有问题的。也有一些产品比较特殊，例如市场新品，其报价会随着市场的需求上涨或者下降，因此，这样的产品的报价有效期不宜设置太长。

设置报价有效期是为日后涨价或者降价做好准备。特别是在向客户提出涨价决定的时候，有一个相对公平的理由更能够说服客户。

最后，要注意的是，在客户没有特别要求时，报价单中的报价条件（交易条件）通常是 EXW，即出厂价。

二、问题二：给我们最低价

“Can you give us your best price ? ”（能给我们最优惠的价格吗？）当客户要求我们给出“best price”（最低价）时，实际上是在套最低价。我们不能直接给出最低价，甚至没有必要给出最低价。

提不提供最低价要分场合，如果客户在还没有了解产品的情况下就要求给出最低价，那么我们可以把这当成普通的询价，正常报价即可，无须降价。如果客户已经明确了需求，指出需要什么样的产品，要求提供最低价，那就是真的在谈价格，希望我们能降价，此时我们不能无动于衷。客户既然想谈价格，就说明有合作意向，这时候我们需要适当降价以表合作的诚意。至于降多少，可以根据我们对客户的把握来决定，通常，降价不能一步降到底价，例如某产品报价 20 美元，底价是 12 美元，我们可以先降到 17 美元，再降到 15 美元，最后降到 14 美元。采取递进式降价的方式，降价幅度可以按照 3 美元、2 美元、1 美元这样递减。这样的方式是为了保证我们在谈判过程中始终有降价的空间。同时，还能满足客户“赢了”的心理需要。

降价要保证两个原则：第一，不能一步降到底价，要给自己留有降价空间；第二，最多降价 3 次，3 次以后坚决不再降，哪怕还有利润空间。

三、问题三：产品认证证书

“CE or RoHS certification”（CE 认证或者 RoHS 认证）。出于对产品质量和产品安全等方面的考虑，不同的产品需要进行不同的产品认证。欧盟 CE 认证是普遍需要的证书，没有这个证书，客户不敢进货。所以，如果客户要求提供产品证书，那么我们应该怎么办？

如果我们是工厂的话，则应该获取这样的证书，尽管要花费一两千元的认证费，但其对于产品销售很重要，是被客户信赖的基本凭证，也是应对海关查验的基本资料。如果我们是贸易公司的话，则可以向工厂索要证书，或者以自己公司的名义取得证书。

很多公司不愿意花钱进行产品认证，如果这款产品是长期销售的或者订单量比较大的，则可以考虑进行认证，以便获取相应的证书。需要注意的是，不要和客户索要认证费，索要认证费是极其不专业的行为。在客户眼里，产品证书是最基本的材料，你不但没有还想要我出费用，太可笑了。这么做订单基本谈不成。索要产品认证费和索要样品模具费是两个不同的概念，模具费可以让客户出，但产品认证费不能向客户要。

四、问题四：你们是工厂还是贸易公司

有非常多的客户在意合作方是工厂还是贸易公司，我们经常碰到客户询问，“Are you a factory or trade company? ”（你们是工厂还是贸易公司？）客户这样问的原因是想找工厂合作，工厂的价格普遍比贸易公司低，客户也更倾向于直接拜访外贸工厂。

当客户问这个问题的时候，我们应该如何回答才是妥当的？

（1）如果我们是工厂，就直接回复“我们是工厂”。

（2）如果我们不是工厂，但有合作的工厂，而且关系比较好，那么也可以说“我们是工厂”，只要能顺利安排客户看厂即可。

（3）如果我们不是工厂，且与工厂不熟，则可以坦诚地告诉客户我们不是工厂。如果需要伪装，则可以说我们是“兄弟工厂”，刚刚加盟，以此来掩饰瑕疵。

其实，我们是不是工厂也没有那么重要，只不过如果我们说自己是工厂的话，给客户的第一印象就会比较好，也比较容易跟客户进行进一步的商谈。不过，能不能抓得住订单，需要的是好产品、好价格和好服务，而不仅仅是“工厂”的身份。贸易公司也不是非要伪装成工厂才能接到订单，我们只需要

把优势让客户知晓即可，比如能接受零散订单、发货速度快等。

五、问题五：有没有合作过的公司

“Have you worked with any company in our region？”（你们在我们公司所在地有没有合作过的公司？）提出这个问题的客户比较精明，这样问不仅能了解卖家的实力，还可以打听自己的竞争对手信息。面对这样的问题，即使我们在该地区有合作的客户，也不能直接说，我们可以说，“有，但是不能告诉你具体的公司名称，我们对客户的信息是保密的。”有的客户可能会继续追问，“那么可以告诉我们他们具体在哪个区域吗？”这个时候，如果你能答出真正的区域，则能博得客户的信任；如果你不知道，或者瞎编，被客户识破，那么客户的信任感会急速降低。能这样问的客户，必然对市场有一定了解，想蒙混过关并不容易。所以，如果我们不知道，那么可以说“客户信息保密，很抱歉”。

六、问题六：交货期是多久

“How long is the delivery time?”（交货期是多久？）交货期是客户很关注的问题。对于工厂而言，交货期太重要了，毕竟能按照客户的预期准时交货的工厂是少数，多数工厂都存在交货期延迟的问题。为了避免因为问题得罪客户，我们在一开始报交货期的时候，就应该在工厂承诺的时间的基础上多加5～10天再报给客户，比如，工厂说交货期是30天，我们可以跟客户说是40天，这多出的10天时间是为了防止意外。

为了以防万一，把交货期报得长一点是没问题的，但交货期要在客户的期望范围内。如果客户不同意这个交货期，那么我们就只能去给工厂压力，让工厂尽量缩短交货期。总之，对于交货期问题，我们不能把压力全都转嫁到自己身上，应该留出调度和处理意外的时间。

第八节　如何避免钱货两空

业务员经验不足、国外客户欺诈、进口国的政策变化等常常会导致钱货两空的情况发生。钱货两空可谓是外贸损失中最让人愤恼却又无可奈何的。所以，了解如何避免钱货两空，显得非常重要。

一、收款方式的选择

预付货款（前 T/T）

预付货款的具体做法是在收齐货款之后再安排发货，或者在收齐货款后再生产。使用T/T付款方式，从汇款到款项到账通常只需要几天的时间，例如，从美国 T/T 付款到中国，大约 3 天就可以到账。所以不必着急安排生产，大部分出口商都是在收到货款后才安排生产。

有两种情况必须预付货款：

（1）第一次合作的客户，我们不清楚对方的信用情况，为了避免麻烦，一定要采用预付款方式交易。

（2）特殊订制品的订单，务必要在收到货物全款后再出货，否则宁可不接单。特殊定制品只能卖给这个客户，如果客户弃货或者耍赖，我们就会很被动，既转卖不了，又不能退回给工厂，损失会很大。

信用证方式

信用证结算方式是比较可靠的结算方式，它是以银行的信用为保障，只要单证相符，开证行就会支付货款。当然，我们要选择信誉良好的银行作为开证行，以确保开证行是有能力购汇、换汇的。同时，还应该选择有实力的议付行，以便在开证行无法按时付款的情况下，可以申请议付货款。

采用信用证方式结算时，除了要注意单证相符和银行的选择之外，我们还需注意两种情况：

（1）不要轻易接受客户指定的不明信用资质的货代。近些年，常有“无单放货”或者“见提单复印件提货”的情况发生，导致出口商钱货两空。出现这种情况的原因是货代非常规操作使买家轻易提走货物。

（2）要注意各国港口的政策变化，如中华人民共和国驻土耳其共和国大使馆经济商务参赞处发布的土耳其海关程序特殊规定：进口货物到港后45天，如进口商不提货且出口商没有申请延期，货物即被海关没收，被没收的货物将进入拍卖程序；如无进口商同意，海关不可应出口商申请同意将货物运回始发港。许多不法进口商借此法规漏洞恶意不提货，待海关将货物没收后以低价竞拍货物谋取超额利润。

低价竞拍近些年也频频发生，对于出口商而言这种情况也属于“钱货两空”。所以，我们在合作之前，应该了解一下进口商当地海关的相关政策。

其他付款方式

使用预付30%定金（30%前T/T），信用证支付70%尾款，即将以上两种方式结合起来的也很多。这样做同样需要注意以上问题。

二、购买出口信用保险

因为诸多不可控或不可预知因素而导致外贸人钱货两空的情况也很多。因此，为避免钱货两空，购买出口信用保险很有必要。

什么是出口信用保险？出口信用保险是国家为了推动本国的出口贸易，保障出口企业的收汇安全而制定的一项由国家财政提供保险准备金的非营利性的政策性保险业务。例如，中国出口信用保险公司（简称中信保）是由国家出资设立的，是中国唯一一家从事出口信用保险业务的金融机构。

出口信用保险承担的是被保险人（卖家）在经营出口业务时面临的来自

进口国家（地区）的政治风险和买家的商业风险。

政治风险是指被保险人在对外贸易过程中，因保单约定的、国外买家所在国（地区）或双方订约之外不能控制的事件，使被保险人可能遭受损失的风险，包括禁止或限制汇兑、进口管制、没收、征用、国有化、撤销进口许可证、颁发延期付款令、战争、暴乱或革命等。

商业风险是在商业信用付款条件下的国外买家，或在信用证付款条件下的国外开证行或保兑行，由于出现信用问题致使被保险人无法收汇或收汇不全的情况。包括：买方或开证行破产或者无力偿付货款；买方或开证行拖欠货款；买方放弃或拒绝接收货物；开证行拒绝承兑。

所以，我们可以购买出口信用保险以降低收款的风险，同时还可以得到更多的买家信息，获得买方资信情况，有利于外贸人加强信用风险管理，避免和防范损失的发生。

第九章

外贸形势浅析

外贸形势在不停地变化，
其中最重要的几个问题都会在本章写到。
外贸形势的变化对外贸工作的影响很大，
所以我们有必要学习和了解怎么在形势变动的时候
更稳妥地、有目标地从事外贸工作。

第一节　如何理智应对爆款

近几年的爆款很多，平衡车、电子烟、指尖陀螺、手指猴等。这些爆款都属于玩具的范畴。每次出现爆款，都会引起市场不小的关注和震动。于是，很多人跟随潮流，加入经营爆款的行列中，甚至放弃之前的行业。然而，盲从可能会顾此失彼，得不偿失。

一、爆款产生的原因

以指尖陀螺为例，指尖陀螺在一夜之间突然火爆起来，在短短半个月的时间内，在各种社交媒体上，都会看到指尖陀螺的消息。指尖陀螺是什么？有什么用处？指尖陀螺是一个可以放在指尖旋转的、可以解压的玩具。

为什么指尖陀螺突然火爆起来？总结起来有以下原因：

（1）新颖。这是每个产品火爆的前提。指尖陀螺转起来很炫酷，尤其是在强光下用手机拍出来，还能变换图案。它很好地满足了人们玩耍的需求。在这个网络发达的时代，任何奇特、新颖、吸引眼球的东西，都有可能被疯狂传播。

（2）容易操作。指尖陀螺非常容易上手，小朋友都会玩，这样的产品非常容易传播。

二、是否要经营爆款

于是，有人会问："现在指尖陀螺这么火，我加入还有得赚吗？"这让我想起了电子烟火爆的时候，听人说，每天只需要坐等询盘，一天一个询盘，日子过得逍遥自在，每个老板都赚得盆满钵满。大家闻风而来，迅速加入电子烟市场。当时听朋友说电子烟很赚钱，我也加入了其中。事实上，我赶上的是电子烟市场需求下滑的阶段，要说赚钱吧，也赚到了一些，但是市场已经没有那么好了。

如今，有人问我电子烟市场好做吗？我通常会说“电子烟不成气候，还有很长的路要走”。为什么呢？因为电子烟一直停留在“玩具”层面上。指尖陀螺也一样，当大家都说它“火”时，它正在走向“不火”。指尖陀螺火爆之后，就会有越来越多的公司、工厂、个人加入，那么，市场很快就会饱和，呈现出混乱、不受控的局面。这也就预示着这个产品正在走向衰落。

尽管指尖陀螺有创新，但也只是一时的，激不起多大的波澜，市场慢慢就会回归平静。所以，很多人都说它是一时兴起之物。电子烟、平衡车等都是如此。

我们选择的产品最好具备两个要素：客观的实用价值和主观的精神需求。其中，客观的实用价值更重要，它是产品寿命的保障。举个例子，在指尖陀螺和平衡车中，选择哪个更好？笔者建议选择平衡车。平衡车有一定的实际使用价值，比如代步，而指尖陀螺只是个玩具，当人们兴趣缺失之后，它会迅速走向衰落。

如果你是一个要做外贸 SOHO 的人，或者你在考虑换产品，以下两个建议可以考虑：一个是人工智能，一个是健康美容。随着科技、时代的发展，人工智能势必是未来的一大趋势。健康与美则是人们恒久不变的追求，也将会变得越来越重要。

所以，在面对爆款时，我们要不要加入追逐的行列？我的看法是“如果有精力和资金，则可以将爆款作为附加产品来经营，但是不能舍弃现有的主业去追求一时之利，毕竟爆款产品的生命周期很短，长则两三年，短则半年”。

第二节 怎样应对爆款侵权问题

一出现爆款，随之而来的一定是侵权问题。人们既对侵权问题无能为力，又无法拒绝爆款的诱惑。那么，我们该如何应对侵权问题?

一、什么是侵权?

在外贸工作中，侵权指的是专利侵权或是商标侵权，还有少部分是版权侵权。在我国，商标、专利、版权都受到保护。如果有人使用与他人同样的商标、专利或者版权，就会被认定为侵权。

商标

商标是用来区别一个经营者的品牌或服务和其他经营者的商品或服务的标记。商标通过确保商标注册人享有用以标明商品或服务来源，或者许可他人使用以获取报酬的专用权，而使商标注册人受到保护。

专利

从字面上看，专利是指专有的权利和利益。一项发明创造的首创者所拥有的受保护的独享权益。在我国，专利分为发明、实用新型和外观设计 3 种类型。

（1）发明专利。《中华人民共和国专利法》第一章第二条第二款规定：“发明，是指对产品、方法或者其改进所提出的新的技术方案。”

（2）实用新型专利。《中华人民共和国专利法》第一章第二条第三款对实用新型的定义是：“实用新型，是指对产品的形状、构造或者其结合所提出的适于实用的新的技术方案。”同发明一样，实用新型保护的也是技术方案，但实用新型专利保护的范围较窄，它只保护有一定形状或结构的新产品，不保护方法以及没有固定形状的物质。

（3）外观设计专利。《中华人民共和国专利法》第一章第二条第四款对外观设计的定义是，“外观设计，是指对产品的形状、图案或其结合以及色彩与形状、图案的结合所作出的富有美感并适于工业应用的新设计。”外观设计专利的保护对象是产品的装饰性或艺术性外表设计，这种设计可以是平面图案，也可以是立体造型，更常见的是这二者的结合。

版权

版权即著作权，是指文学、艺术、科学作品的作者对其作品享有的权利（包括财产权、人身权）。版权是知识产权的一种类型，它保护的是自然科学、社会科学以及文学、音乐、戏剧、绘画、雕塑、摄影、图片和电影摄影等方面的作品。

二、涉及侵权的三大爆款

外贸史上影响最大、最受关注的三次侵权涉及的产品分别是平衡车、指尖陀螺和手指猴。这三个事件的发生，让中国商家更加重视侵权和创新的问题。

平衡车——发明侵权

美国发明家狄恩·卡门（Dean Kamen）与他的 DEKA 研发公司（DEKA Research and Development Corp.）团队发明两轮平衡车，之后创立赛格威（Segway）有限责任公司。2014 年 9 月，赛格威有限责任公司向美国国际贸易委员会（United States International Trade Commission，USITC）提起诉讼，发起 337 项调查，起诉包括深圳乐行天下科技有限公司、纳恩博公司（Ninebot）在内的 5 家平衡车公司侵犯其专利。

2016 年 3 月，美国国际贸易委员会发布了一个禁令，禁止所有侵犯了赛格威有限责任公司相关技术专利的平衡车产品的进口。原因是起火等安全问题，在此前的 15 年中，美国 9 个州每年至少发生 10 起平衡车起火事件，亚马逊也对其中的问题产品进行了下架处理。其间，美国老牌滑板车公司 Razor 以涉嫌专利侵权为由，将包括阿里巴巴、杭州骑客智能科技有限公司等在内的 30 家公司诉至 USITC。虽然到现在为止，包括阿里巴巴、杭州骑客智能科技有限公司等在内的 11 家公司经 USITC 调查不构成专利侵权，进而免除了可能被“禁售”的风险，但是被投诉侵权的情况可能在未来还会出现。

指尖陀螺——商标侵权

指尖陀螺原本是有专利的，它是美国一位身患重症肌无力的妈妈凯瑟琳·A·海廷格尔（Catherine A. Hettinger）为女儿发明的一个小玩具，其在 1993 年 5 月 28 日就申请了“spinner toy”（指尖玩具）这项专利，但是这个玩具在当时并不好卖。后来由于凯瑟琳无法支付专利的续展费，因此这项专利于 2005 年 1 月 7 日正式失效。那也就意味着这项发明变成了社会的共同财产。

关于指尖陀螺的外观，欧洲已经有公司注册了最普通的 3 个圆圈外观的专利。然而，陀螺的外观变化很多，根本没有办法禁止，因此外观专利对于指尖陀螺的售卖威胁不大。

关于指尖陀螺的商标问题，在中国，有公司申请了“hand spinner”；在欧洲、美国、英国有公司申请了“fidget spinner”；在日本，与“fidget”和“spinner”相关的 28 项商标被申请。因此，关于指尖陀螺的侵权更多的是商标侵权。

侵权并不是让指尖陀螺走向衰落的关键原因，安全问题才是。2017 年 5 月，有国外媒体爆出小孩吞食指尖陀螺滚珠以及指尖陀螺的尖角扎伤人的新闻，指尖陀螺再一次被推向风口浪尖。亚马逊平台下架一大批指尖陀螺。更可怕的是，中国商家并没有重视这些问题，继续加速生产、低价恶性竞争，导致外国市场开始抵抗我国的指尖陀螺产品，进而致使指尖陀螺市场衰退。

手指猴——发明侵权、外观侵权、商标侵权

手指猴是 2017 年火起来的产品。手指猴由 WoWwee 玩具公司工程师西

尼·怀斯曼（Sydney Wiseman）发明。WowWee是一家拥有37年历史的智能互动玩具品牌商，一直致力于将科技融入玩具，其总部设在中国香港地区，在美国、加拿大均设有分支机构。

2017年9月，手指猴刚开始火爆，在中国工厂连芯片都还没有做出来的时候，WowWee就已经开始维权之路。WowWee投入400万美元打击侵权行为的消息一时间在玩具和电子行业引起很大反响，给很多正想进入该市场的中国工厂当头一棒。不过，依然有很多工厂抱着“饿死胆小的，撑死胆大的”的思想投入生产。结果，很多工厂开了模具刚刚开始生产，手指猴的市场就已经衰退了。PayPal根据法院裁决进一步对账户款项进行处理，在此期间卖家的付款、收款、提款功能受到限制。亚马逊、阿里巴巴平台紧接着做出处理——警告、下架、封店等。不到一个月的时间，手指猴的商机就被扼杀在了摇篮里。

三、面对爆款，我们应该怎么做

每一个爆款都有利可寻，但是爆款产品也隐藏着许多风险，盲从只会给自己带来损失。所以，面对爆款，我们可以这样做。

转投零件生产

根据以上3个案例，每次爆款一出，都会出现两种极端情况：一是企业赚得盆满钵满；二是企业亏损严重。赚的企业永远是零件厂家，例如手指猴的零件——塑料外壳、螺丝、牙箱、电路板等。据了解，东莞一家牙箱工厂在短短一个月赚了5 000万元人民币。这还不算多的，听说在指尖陀螺热销的时候，一家金属厂赚了数亿元人民币。由此可知，当爆款出现时，不如转投零件生产。出售成品面临着复杂的侵权问题，而且几乎难以解决，最后只能亏本。

创新

爆款出现的时候，不能盲目跟风生产、仿制，应当思考怎么创新，找到自己的出路。在手指猴热度高涨的时候，很多工厂盲目跟风，不但没有赢利，反而亏损甚多。不管是什么产品，盲目跟风、仿制是一定没有出路的，只有创新才是正途。

重视商标、专利、版权

我们自己的产品需要迅速注册专利，哪怕只是一个想法、一个造型，只要是市场上没有出现过的，就应该为其申请专利。如果产品火了，无论是个人，还是公司，申请的专利都将给其带来巨大的财富，同时也是维权的有力武器。

其实，经历过前面提到的平衡车和指尖陀螺事件，很多中国商家也已经意识到正确的致富之路是创新，因此才会有很多在手指猴基础上创新的产品出现，例如指尖熊猫和指尖松鼠。我们相信，假以时日，中国制造会成功地走上中国创造之路。

第三节　C2B 模式下的外贸该怎么做

近两年，经常听到有人调侃：现在的亚马逊、阿里巴巴国际站越做越像淘宝。淘宝作为电商确实走在了前端，人们的这种调侃在笔者看来并不是坏事，时代就是这样发展的。淘宝是国内的电商，却比跨境电商更加成熟，有许多值得跨境电商学习的东西，比如 C2B 模式。

一、什么是 C2B 模式

随着时代的进步，外贸已经变得多元化，不再是单一的模式。外贸模式主要有以下几种：

（1）传统模式：企业对企业（邮件来往）；

（2）B2B 模式：企业对企业（电子商务）；

（3）B2C 模式：企业对个体消费者（电子商务）；

（4）C2C 模式：个体卖家对个体消费者（电子商务）；

（5）C2B 模式：个体消费者对商家、工厂，也称个性化定制模式。C2B 是一种新模式。举个例子，笔者在朋友圈中看到一个朋友在做定制相册，只要我提供照片，他什么样的相册都可以做。还有一个朋友，每天给我发定制衣服的图片，说可以给我定制独一无二的新年服装，肯定不会撞衫，而且价格也不是很高。

二、C2B 模式的特点

C2B 模式，即是将企业的用户资源（Customer）转化为用户对企业（Business）的产品和品牌的关注，转化为企业迫切需要的营销价值，并从用户的角度出发，通过有效的整合与策划，改变企业的营销内容及形式，从而达成与用户的深度沟通与交流。

C2B 模式可以联合商家合作营销，给顾客更多的选择；也可以邀请买家发布商品及其价格、大小、样式等构成邀约的条件，让企业来找你，从而促成双赢的局面；还可以聚合数量庞大的、分散的客户群，组成一个强大的采购集团，扭转以往单一买方的劣势出价地位，享受批发商的价格优惠。可以让客户个性化定制产品，邀约厂商生产，实现以客户需求为引导，倒逼企业"柔性生产"。厂商也可实现以销定产、降低库存，同时减少销售环节、降低流通成本的目标。

C2B 电子商务网的开发潜力是非常大的，因为它能帮助消费者快速地购买到称心的商品。其优势主要表现为以下几种：

（1）省时。消费者不必为买一件商品东奔西跑、浪费时间，只需在 C2B 网站上发布一个需求信息，就会有很多商家上来竞标。

（2）省力。不用再费心到店里跟商家砍价，只要在 C2B 网站上发布需求时报一个自己能够承受的价格，来竞标的商家就是能接受这个价格的。

（3）省钱。C2B 网站会帮助消费者找很多有实力的商家来围着买家（消费者）“竞价格、比服务”，买家可以从中选择性价比高的商家进行交易。

总之，C2B 能从消费者个人的需求出发，创造产品、创造市场。C2B 不仅对于消费者来说好处多，对于商家、工厂来说也一样有省时、省力、省钱的优势。

三、如何实现 C2B 模式

亚马逊 2017 年跨境网购趋势报告指出：个性消费是跨境网购新趋势，随着跨境电商行业的发展，消费者的品牌意识和品质观念日趋成熟。消费者在跨境网购时对商品的多样性有强烈追求，而不仅仅局限于爆款和标品。面对海量选品，消费者的选择非常多样化，长尾商品的销售增速明显。

由此可知，个性消费引出的 C2B 模式将是未来外贸的趋势。但是如何实现这一模式？笔者认为有三种方式。

网络红人

跨境电商快速发展触发了很多不良状况，比如大量“玩家”涌入、运营成本变高。这一切标志着“低质、低价、走量”的模式已经过时，如何提高产品附加值，使产品产生自然流量，是当今卖家以及平台急需解决的问题。

人们愿意相信品牌，也愿意付更多的钱去购买品牌产品，品牌还会满足消费者的情感需求。然而，在国际市场上，建立一个品牌并不容易，且目前能称得上是品牌的跨境电商产品并不多。

网络红人（简称网红）是引入流量、建立品牌的另辟蹊径之选。温度、情感、信任等，网红都能给予。研究网红对消费者的作用力，对研究如何搭建一个品牌越来越重要。

网红的典型运营方式是以 C（customer）为核心构建社交圈。在这个圈子中，人们有着共同的兴趣爱好、共同的追求，能够成为一个共同体，产生认同感。同时，网红可以利用各种网络先进的社交媒介，比如微博、脸书、YouTube（美国视频网站）、直播平台等，低成本、全方位、立体地展现自己的方方面面，以及更深层次的价值观。网红和粉丝的互动可以让产品的传播更加深远和自然。

网红营销比传统的品牌营销效果好得多。其能做到低成本、高效率的传播，是我们可以应用的一种营销模式。

大数据

大数据（big data）指无法在一定时间范围内用常规软件工具进行捕捉、管理和处理的数据集合，是需要新处理模式才能具有更强的决策力、洞察发现力和流程优化能力的海量、高增长率和多样化的信息资产。

大数据的价值体现在以下几个方面：

（1）对大量消费者提供产品或服务的企业，可以利用大数据进行精准营销。

（2）依照“小而美”模式运营的中小微企业，可以利用大数据做服务转型。

（3）在互联网压力下必须转型的传统企业，需要与时俱进，充分利用大数据的价值。

大数据通常只掌握在少数人手里，一般的外贸工作者得不到这些数据。所以，如果能买到数据，那么不妨花钱购买。即使没有大数据，我们也一定要有数据，比如客户购物的数量、时间、品类等，每月、每年分析一下，挖掘客户的需求动向。数据可以解析出潜在的商机和未被满足的需求。因此，数据也是实现 C2B 的重要渠道。

人工智能

人工智能（Artificial Intelligence，AI）是研究、开发用于模拟、延伸和扩展人的智能的理论、方法、技术及应用系统的一门新的技术科学。如果将人工智能应用于商业，那么对于实现 C2B 将更加有利和快速。

说到这里，笔者想到了阿里巴巴集团董事局主席马云的无人超市，即一个偌大的超市，没有一个售货员、收银员，消费者扫码进场后，可以拿起商品就走。无人超市就是利用人工智能实现的 C2B 模式，其由消费者发起需求，到完成“满足需求”的过程都是自动化的。因此，我们是不是也可以思考怎么将人工智能运用到跨境电商中，比如在平台或者网站中增加一个版块，叫“定制服务”或“自助服务”，可以让客户根据自己的需要自助下单。

根据心理学原理，人自发发出的行为比被强迫发出的行为，在发出后抱怨和悔恨的概率低很多。由此可见，自助下单的客户哪怕对产品不满意，也不会将责任完全归咎于商家。C2B 模式可以让商家更加精准地服务于消费者的需求，且减少售后纠纷。

第四节　新时代跨境电商如何选择红利产品

越来越多的传统外贸人加入跨境电商行列，也有越来越多的内贸人看到跨境电商的良好趋势，加入进来。跨境电商早已经过了“有钱一起赚”的年代，现在的局面是：有的人发展壮大，有的人却还挣扎在生存线。如果想走得长远，则要注意一个非常重要的因素——选品。

一、选品“雷区”

对于选品，要先避免“雷区”。这些“雷区”对于我们经营产品有害无益，因此我们不能去踩这些“雷”。

雷区一：依照国内的电商热销款选品

例如，国内有一款凉鞋在各大国内电商平台卖得风生水起，于是就有人将其搬到国外电商平台上销售，结果销量平平。产品符合我国消费者的口味不代表能满足外国人的审美。不做跨境电商的分析，就盲目上架产品，很难走远。

雷区二：盲目售卖国外爆品

例如前段时间的手指猴、指尖陀螺等。这类产品因为侵权问题，被下架无数，很多店铺也遭到了封店的处罚。

雷区三：售卖山寨产品

跨境电商对于产品的品牌、商标、专利的管控会越来越严格。售卖山寨产品的商家一定会被平台清理。

雷区四：售卖质量很差的产品

跨境电商跟国内电商一样，将会越来越重视买家的反馈和评价。质量差的产品一定不能在电商平台上走远。

二、选品方向

每个时代都有红利产品。那么，跨进电商时代应该选择什么样的产品？

创新

平台上销量好的产品不一定是最实用的，但一定是有创意的。消费者越来越追求个性化、新鲜感，所以，创新是个突破口。

有资源优势

无论是技术优势还是价格优势，都能让你的产品在平台上脱颖而出。如果在深圳，则应该选择电子类产品；如果在义乌，则应该选择小件产品、玩具类产品。

质量过硬

质量和性能过硬的产品一定是好的选择。观察一下各大电商平台，销量高的产品即使其价格不低，也一定是质量评价很不错的产品。通常来说，人们都喜欢物美价廉的产品，但其首先要物美，其次才是价廉。

美丽、健康、便利

与“美丽”“健康”“便利”有关的产品都可以考虑。随着生活质量的提高，人们对精神需求更加重视，对健康的意识越加强烈。因此，具有这些品质的产品的销量一直呈现上升趋势。

利润绝对值高

很多电商喜欢卖快消品，原因是这类产品容易把销量做起来，但同时也出现“卖很多却没赚到钱”的情况。例如，一个手机壳的成本是 3 元，售价 10 元，利润率 200%，但其利润绝对值只有 7 元。选品不应考虑利润率，而应该考虑利润绝对值。

冷门

当多数人在快消品领域挤破头的时候，一些做冷门产品的电商反而赚钱赚得很舒畅，原因是竞争者不多。冷门不是说没有需求，只是不像手机壳那样人人都需要。如果你有一款很不错的冷门产品，则不妨大胆地开发起来。

三、选品参考

经过对近几年市场的分析和观察，我们发现需求越旺盛，产品在未来越有可能发展壮大，例如以下六种类别的产品。

母婴产品

母婴市场是一个蓬勃发展的市场。随着 80 后、90 后父母教育水平的提升以及薪资待遇的提高，他们更注重对孩子的培养和爱护。婴儿尿布和婴儿床产品的需求总是很高。、

家居产品

家是一个缓解压力、放松身心的地方。现在的人们更喜欢舒适、安全的家居装扮，家居产品近几年的发展都在稳步上升。

儿童玩具

新奇、可爱、有趣是玩具的特点，玩具是每一个孩子的童年必不可少的东西。近年来，年轻的父母在满足孩子需求方面的支出越来越多，因此儿童玩具的销量一直不错。

美容产品

随着人们对自我护理的重视，该行业的市场需求将继续增长。尤其是男性美容用品的销量近 2 年增长迅速。

户外用品

健康、有趣的户外运动越来越被年轻人推崇。因此，各种各样的户外产品也卖得不错。

智能产品

时代在不断发展，科技在迅速进步，人们对“智能”产品越来越青睐和期待。大数据和机器智能正在全方位地改变人类社会，我们熟知的智能家居、智能手机、智能电视、智能眼镜、智能安防、智慧医疗、智能汽车等都是“智能时代”的产物。可以说以后的社会是智能化的社会，“智能”将会在人们生活的方方面面得以体现。

第五节　进军东南亚市场有哪些思路

东南亚市场慢慢地兴起，很多中国商品备受东南亚客户的喜爱。东南亚国家有很多人会中文，这为我们开拓东南亚市场提供了便利条件。

一、东南亚电商平台

想要进入东南亚市场，只靠平常积累客户，速度会很慢。就像亚马逊美国站，虽然也有东南亚客户在上面购买产品，但还是太少且竞争者太多。因此，我们应该另辟蹊径。让我们先来了解一下东南亚正在运营和兴起的电商平台有哪些。

Lazada

来赞达（Lazada）是东南亚地区最大的在线购物网站之一。其获得了德国创业孵化器 Rocket Internet 公司以及桑威尔兄弟（Samwer Brothers）的支持。Lazada 的目标市场主要是印度尼西亚、马来西亚、菲律宾以及泰国。

2019 年 3 月 19 日，阿里巴巴集团宣布向 Lazada 追加 20 亿美元投资，用于该公司在东南亚地区的业务扩张。蚂蚁金融服务集团（简称蚂蚁金服）董事长彭蕾出任 Lazada 首席执行官（CEO），Lazada 原首席执行官 Bittner 出任阿里巴巴集团高级顾问。

ZALORA

ZALORA 是一个网上时装及美容产品购物平台，为男女顾客提供时装、饰品、鞋及化妆品、护肤品。

总部位于新加坡的 ZALORA 于不同地区设有分区网页，包括中国香港、新加坡、印度尼西亚、菲律宾、泰国、越南、马来西亚及文莱。ZALORA 售卖国际品牌，各个分区网页亦会售卖本地品牌。ZALORA 旗下包括于澳大利亚及新西兰运作的网上时装购物平台 The Iconic。

Qoo10

趣天网（Qoo10）是一个以整合全亚洲资源为目的的电子购物平台。Qoo10 隶属于上海智哦熙信息技术有限公司，总部设立在中国上海。当前，该公司已在日本和新加坡等 5 个国家运营了 7 个购物网站，并拟定在不久的将来继续向其他亚洲国家和地区扩充和发展。

Qoo10 新加坡站发展得不错，已经是新加坡的知名电商平台，也是东南亚最成熟的本地化 B2C 平台。

除了以上 3 个有一定知名度的平台，还有一些正在兴起的东南亚电商平台，例如 Shopee、okopedia、Tarad、11Street、ezbuy、Bigmk 等。

二、运用思路

既然这些电商平台是在东南亚当地受欢迎的，那么如何利用这些电商平台来拓展外贸市场？我们可以依照以下的建议操作。

挑选当地电商平台

这些平台其实都类似于国内的淘宝。虽然很多东南亚华人也会从淘宝上买东西，但是毕竟东南亚地区除了华人和华侨，还有很多其他国家的移民，他们是不会中文的，因此，他们更愿意使用当地的平台。若你们的产品可以零售，则不妨挑选一个当地平台来销售。

在电商平台上找合作客户

这些平台上的商家合作的供应商几乎都来自中国。所以，利用这些平台，我们可以逆向找合作的批发客户。东南亚地区的商家竞争不是太激烈，销售量能达到某个平台的前 10 名，说明该卖家的进货量绝对不小，那么他们就是我们的目标。

需要注意的是，这些卖家一定有长期稳定的供应商。如何让他们注意到我们，并且给予合作机会，需要我们进行充足的准备。

第六节 市场形势不好时，我们应该怎么做

近两年，市场变化较多，政策变化频繁，很多跨境电商平台都做出了相应的调整。无论如何，外贸的基础就是销售和服务。在外贸形势不好的时候，我们可以做好以下 7 件事。

（1）保持学习。只有不断地学习和进步才能紧跟时代的步伐。

（2）分析客户，区别对待。不是所有的客户都值得我们花很多精力去跟踪，精力付出应当有轻重之分。

（3）准确定位公司的产品。找到与公司产品相应的客户群体，下功夫开发。

（4）着重联系市场份额大的客户，从其身上获知市场前沿的信息。

（5）尽可能守住所有大客户和小客户。这些客户可以帮我们渡过目前的困境。有客户就有订单，有订单我们就能渡过难关。

（6）努力创新，努力做自己的品牌。要把我们的产品做出差异化，为将来的发展铺路。

（7）尽力开发更多的新客户。勤发开发信、更新产品、积极联系客户等，尽量在这个时期积累更多的客户资源。等市场转好，新客户的订单会随之变大，那么我们就可以走在别人前面。

书目介绍

乐 贸 系 列

书名	作者	定价	书号	出版时间
国家出版基金项目				
1. “质”造全球:消费品出口质量管控指南	SGS 通标标准技术服务有限公司	80.00 元	978-7-5175-0289-0	2018 年 9 月第 1 版
跟着老外学外贸系列				
1. 优势成交:老外这样做销售(第二版)	Abdelhak Benkerroum(阿道)	58.00 元	978-7-5175-0370-5	2019 年 10 月第 2 版
外贸 SOHO 系列				
1. 外贸 SOHO,你会做吗?	黄见华	30.00 元	978-7-5175-0141-1	2016 年 7 月第 1 版
跨境电商系列				
1. 跨境电商全产业链时代:政策红利下迎机遇期	曹磊 张周平	55.00 元	978-7-5175-0349-1	2019 年 5 月第 1 版
2. 外贸社交媒体营销新思维:向无效社交说 No	May(石少华)	55.00 元	978-7-5175-0270-8	2018 年 6 月第 1 版
3. 跨境电商多平台运营,你会做吗?	董振国 贾 卓	48.00 元	978-7-5175-0255-5	2018 年 1 月第 1 版
4. 跨境电商 3.0 时代——把握外贸转型时代风口	朱秋城(Mr. Harris)	55.00 元	978-7-5175-0140-4	2016 年 9 月第 1 版
5. 118 问玩转速卖通——跨境电商海外淘金全攻略	红 鱼	38.00 元	978-7-5175-0095-7	2016 年 1 月第 1 版
外贸职场高手系列				
1. 思维对了,订单就来:颠覆外贸底层逻辑	老 A	58.00 元	978-7-5175-0381-1	2019 年 10 月第 1 版
2. 从零开始学外贸	外贸人维尼	58.00 元	978-7-5175-0382-8	2019 年 10 月第 1 版
3. 小资本做大品牌:外贸企业品牌运营	黄仁华著	58.00 元	978-7-5175-0372-9	2019 年 10 月第 1 版
4. 金牌外贸企业给新员工的内训课	Lily 主编	55.00 元	978-7-5175-0337-8	2019 年 3 月第 1 版
5. 逆境生存:JAC 写给外贸企业的转型战略	JAC	55.00 元	978-7-5175-0315-6	2018 年 11 月第 1 版
6. 外贸大牛的营与销	丹 牛	48.00 元	978-7-5175-0304-0	2018 年 10 月第 1 版
7. 向外土司学外贸 1:业务可以这样做	外土司	55.00 元	978-7-5175-0248-7	2018 年 2 月第 1 版
8. 向外土司学外贸 2:营销可以这样做	外土司	55.00 元	978-7-5175-0247-0	2018 年 2 月第 1 版
9. 阴阳鱼给外贸新人的必修课	阴阳鱼	45.00 元	978-7-5175-0230-2	2017 年 11 月第 1 版
10. JAC 写给外贸公司老板的企管书	JAC	45.00 元	978-7-5175-0225-8	2017 年 10 月第 1 版

书名	作者	定价	书号	出版时间
11. 外贸大牛的术与道	丹　牛	38.00 元	978-7-5175-0163-3	2016 年 10 月第 1 版
12. JAC 外贸谈判手记——JAC 和他的外贸故事	JAC	45.00 元	978-7-5175-0136-7	2016 年 8 月第 1 版
13. Mr. Hua 创业手记——从 0 到 1 的"华式"创业思维	华　超	45.00 元	978-7-5175-0089-6	2015 年 10 月第 1 版
14. 外贸会计上班记	谭　天	38.00 元	978-7-5175-0088-9	2015 年 10 月第 1 版
15. JAC 外贸工具书——JAC 和他的外贸故事	JAC	45.00 元	978-7-5175-0053-7	2015 年 7 月第 1 版
16. 外贸菜鸟成长记(0～3 岁)	何嘉美	35.00 元	978-7-5175-0070-4	2015 年 6 月第 1 版

外贸操作实务子系列

书名	作者	定价	书号	出版时间
1. 外贸高手客户成交技巧 3：差异生存法则	毅　冰	69.00 元	978-7-5175-0378-1	2019 年 9 月第 1 版
2. 外贸高手客户成交技巧 2——揭秘买手思维	毅　冰	55.00 元	978-7-5175-0232-6	2018 年 1 月第 1 版
3. 外贸业务经理人手册(第三版)	陈文培	48.00 元	978-7-5175-0200-5	2017 年 6 月第 3 版
4. 外贸全流程攻略——进出口经理跟单手记(第二版)	温伟雄(马克老温)	38.00 元	978-7-5175-0197-8	2017 年 4 月第 2 版
5. 金牌外贸业务员找客户(第三版)——跨境电商时代开发客户的 9 种方法	张劲松	40.00 元	978-7-5175-0098-8	2016 年 1 月第 3 版
6. 实用外贸技巧助你轻松拿订单(第二版)	王陶(波锅涅)	30.00 元	978-7-5175-0072-8	2015 年 7 月第 2 版
7. 出口营销实战(第三版)	黄泰山	45.00 元	978-7-80165-932-3	2013 年 1 月第 3 版
8. 外贸实务疑难解惑 220 例	张浩清	38.00 元	978-7-80165-853-1	2012 年 1 月第 1 版
9. 外贸高手客户成交技巧	毅　冰	35.00 元	978-7-80165-841-8	2012 年 1 月第 1 版
10. 报检七日通	徐荣才　朱瑾瑜	22.00 元	978-7-80165-715-2	2010 年 8 月第 1 版
11. 外贸实用工具手册	本书编委会	32.00 元	978-7-80165-558-5	2009 年 1 月第 1 版
12. 快乐外贸七讲	朱芷萱	22.00 元	978-7-80165-373-4	2009 年 1 月第 1 版
13. 外贸七日通(最新修订版)	黄海涛(深海鱿鱼)	22.00 元	978-7-80165-397-0	2008 年 8 月第 3 版

出口风险管理子系列

书名	作者	定价	书号	出版时间
1. 轻松应对出口法律风险	韩宝庆	39.80 元	978-7-80165-822-7	2011 年 9 月第 1 版
2. 出口风险管理实务(第二版)	冯　斌	48.00 元	978-7-80165-725-1	2010 年 4 月第 2 版
3. 50 种出口风险防范	王新华　陈丹凤	35.00 元	978-7-80165-647-6	2009 年 8 月第 1 版

外贸单证操作子系列

书名	作者	定价	书号	出版时间
1. 跟单信用证一本通(第二版)	何源	48.00 元	978-7-5175-0249-4	2018 年 9 月第 2 版
2. 外贸单证经理的成长日记(第二版)	曹顺祥	40.00 元	978-7-5175-0130-5	2016 年 6 月第 2 版
3. 信用证审单有问有答 280 例	李一平　徐珺	37.00 元	978-7-80165-761-9	2010 年 8 月第 1 版
4. 外贸单证解惑 280 例	龚玉和　齐朝阳	38.00 元	978-7-80165-638-4	2009 年 7 月第 1 版
5. 信用证 6 小时教程	黄海涛(深海鱿鱼)	25.00 元	978-7-80165-624-7	2009 年 4 月第 2 版

书名	作者	定价	书号	出版时间
6. 跟单高手教你做跟单	汪　德	32.00 元	978-7-80165-623-0	2009 年 4 月第 1 版

福步外贸高手子系列

书名	作者	定价	书号	出版时间
1. 外贸技巧与邮件实战(第二版)	刘　云	38.00 元	978-7-5175-0221-0	2017 年 8 月第 2 版
2. 外贸电邮营销实战——小小开发信　订单滚滚来(第二版)	薄如骢	45.00 元	978-7-5175-0126-8	2016 年 5 月第 2 版
3. 巧用外贸邮件拿订单	刘　裕	45.00 元	978-7-80165-966-8	2013 年 8 月第 1 版

国际物流操作子系列

书名	作者	定价	书号	出版时间
1. 货代高手教你做货代——优秀货代笔记(第二版)	何银星	33.00 元	978-7-5175-0003-2	2014 年 2 月第 2 版
2. 国际物流操作风险防范——技巧·案例分析	孙家庆	32.00 元	978-7-80165-577-6	2009 年 4 月第 1 版

通关实务子系列

书名	作者	定价	书号	出版时间
1. 外贸企业轻松应对海关估价	熊　斌　赖　芸　王卫宁	35.00 元	978-7-80165-895-1	2012 年 9 月第 1 版
2. 报关实务一本通(第二版)	苏州工业园区海关	35.00 元	978-7-80165-889-0	2012 年 8 月第 2 版
3. 如何通过原产地证尽享关税优惠	南京出入境检验检疫局	50.00 元	978-7-80165-614-8	2009 年 4 月第 3 版

彻底搞懂子系列

书名	作者	定价	书号	出版时间
1. 彻底搞懂信用证(第三版)	王腾　曹红波	55.00 元	978-7-5175-0264-7	2018 年 5 月第 3 版
2. 彻底搞懂关税(第二版)	孙金彦	43.00 元	978-7-5175-0172-5	2017 年 1 月第 2 版
3. 彻底搞懂提单(第二版)	张敏　张鹏飞	38.00 元	978-7-5175-0164-0	2016 年 12 月第 2 版
4. 彻底搞懂中国自由贸易区优惠	刘德标　祖月	34.00 元	978-7-80165-762-6	2010 年 8 月第 1 版
5. 彻底搞懂贸易术语	陈　岩	33.00 元	978-7-80165-719-0	2010 年 2 月第 1 版
6. 彻底搞懂海运航线	唐丽敏	25.00 元	978-7-80165-644-5	2009 年 7 月第 1 版

外贸英语实战子系列

书名	作者	定价	书号	出版时间
1. 十天搞定外贸函电(白金版)	毅　冰	69.00 元	978-7-5175-0347-7	2019 年 4 月第 2 版
2. 让外贸邮件说话——读懂客户心理的分析术	蔡泽民(Chris)	38.00 元	978-7-5175-0167-1	2016 年 12 月第 1 版
3. 外贸高手的口语秘籍	李　凤	35.00 元	978-7-80165-838-8	2012 年 2 月第 1 版
4. 外贸英语函电实战	梁金水	25.00 元	978-7-80165-705-3	2010 年 1 月第 1 版
5. 外贸英语口语一本通	刘新法	29.00 元	978-7-80165-537-0	2008 年 8 月第 1 版

外贸谈判子系列

书名	作者	定价	书号	出版时间
1. 外贸英语谈判实战(第二版)	王慧　仲颖	38.00 元	978-7-5175-0111-4	2016 年 3 月第 2 版

书名	作者	定价	书号	出版时间
2. 外贸谈判策略与技巧	赵立民	26.00 元	978-7-80165-645-2	2009 年 7 月第 1 版

国际商务往来子系列

书名	作者	定价	书号	出版时间
国际商务礼仪大讲堂	李嘉珊	26.00 元	978-7-80165-640-7	2009 年 12 月第 1 版

贸易展会子系列

书名	作者	定价	书号	出版时间
外贸参展全攻略——如何有效参加 B2B 贸易商展(第三版)	钟景松	38.00 元	978-7-5175-0076-6	2015 年 8 月第 3 版

区域市场开发子系列

书名	作者	定价	书号	出版时间
中东市场开发实战	刘军　沈一强	28.00 元	978-7-80165-650-6	2009 年 9 月第 1 版

加工贸易操作子系列

书名	作者	定价	书号	出版时间
1. 加工贸易实务操作与技巧	熊　斌	35.00 元	978-7-80165-809-8	2011 年 4 月第 1 版
2. 加工贸易达人速成——操作案例与技巧	陈秋霞	28.00 元	978-7-80165-891-3	2012 年 7 月第 1 版

乐税子系列

书名	作者	定价	书号	出版时间
1. 外贸企业免抵退税实务——经验 · 技巧分享	徐玉树　罗玉芳	45.00 元	978-7-5175-0135-0	2016 年 6 月第 1 版
2. 外贸会计账务处理实务——经验 · 技巧分享	徐玉树	38.00 元	978-7-80165-958-3	2013 年 8 月第 1 版
3. 生产企业免抵退税实务——经验 · 技巧分享(第二版)	徐玉树	42.00 元	978-7-80165-936-1	2013 年 2 月第 2 版
4. 外贸企业出口退(免)税常见错误解析 100 例	周朝勇	49.80 元	978-7-80165-933-0	2013 年 2 月第 1 版
5. 生产企业出口退(免)税常见错误解析 115 例	周朝勇	49.80 元	978-7-80165-901-9	2013 年 1 月第 1 版
6. 外汇核销指南	陈文培等	22.00 元	978-7-80165-824-1	2011 年 8 月第 1 版
7. 外贸企业出口退税操作手册	中国出口退税咨询网	42.00 元	978-7-80165-818-0	2011 年 5 月第 1 版
8. 生产企业免抵退税从入门到精通	中国出口退税咨询网	98.00 元	978-7-80165-695-7	2010 年 1 月第 1 版
9. 出口涉税会计实务精要(《外贸会计实务精要》第二版)	龙博客工作室	32.00 元	978-7-80165-660-5	2009 年 9 月第 2 版

专业报告子系列

书名	作者	定价	书号	出版时间
1. 国际工程风险管理	张　燎	1980.00 元	978-7-80165-708-4	2010 年 1 月第 1 版
2. 涉外型企业海关事务风险管理报告	《涉外型企业海关事务风险管理报告》研究小组	1980.00 元	978-7-80165-666-7	2009 年 10 月第 1 版

外贸企业管理子系列

书名	作者	定价	书号	出版时间
1. 外贸经理人的 MBA	毅　冰	55.00 元	978-7-5175-0305-7	2018 年 10 月第 1 版

书名	作者	定价	书号	出版时间
2. 小企业做大外贸的制胜法则——职业外贸经理人带队伍手记	胡伟锋	35.00 元	978-7-5175-0071-1	2015 年 7 月第 1 版
3. 小企业做大外贸的四项修炼	胡伟锋	26.00 元	978-7-80165-673-5	2010 年 1 月第 1 版

国际贸易金融子系列

书名	作者	定价	书号	出版时间
1. 国际结算单证热点疑义相与析	天九湾贸易金融研究汇	55.00 元	978-7-5175-0292-0	2018 年 9 月第 1 版
2. 国际结算与贸易融资实务（第二版）	李华根	55.00 元	978-7-5175-0252-4	2018 年 3 月第 1 版
3. 信用证风险防范与纠纷处理技巧	李道金	45.00 元	978-7-5175-0079-7	2015 年 10 月第 1 版
4. 国际贸易金融服务全程通（第二版）	郭党怀 张丽君 张贝	43.00 元	978-7-80165-864-7	2012 年 1 月第 2 版
5. 国际结算与贸易融资实务	李华根	42.00 元	978-7-80165-847-0	2011 年 12 月第 1 版

毅冰谈外贸子系列

书名	作者	定价	书号	出版时间
毅冰私房英语书——七天秀出外贸口语	毅　冰	35.00 元	978-7-80165-965-1	2013 年 9 月第 1 版

“创新型”跨境电商实训教材

书名	作者	定价	书号	出版时间
跨境电子商务概论与实践	冯晓宁	48.00 元	978-7-5175-0313-2	2019 年 1 月第 1 版

“实用型”报关与国际货运专业教材

书名	作者	定价	书号	出版时间
1. 国际货运代理操作实务（第二版）	杨鹏强	48.00 元	978-7-5175-0364-4	2019 年 8 月第 2 版
2. 集装箱班轮运输与管理实务	林益松	48.00 元	978-7-5175-0339-2	2019 年 3 月第 1 版
3. 航空货运代理实务（第二版）	杨鹏强	55.00 元	978-7-5175-0336-1	2019 年 1 月第 2 版
4. 进出口商品归类实务（第三版）	林　青	48.00 元	978-7-5175-0251-7	2018 年 3 月第 3 版
5. e 时代报关实务	王　云	40.00 元	978-7-5175-0142-8	2016 年 6 月第 1 版
6. 供应链管理实务	张远昌	48.00 元	978-7-5175-0051-3	2015 年 4 月第 1 版
7. 电子口岸实务（第二版）	林青	35.00 元	978-7-5175-0027-8	2014 年 6 月第 2 版
8. 报检实务（第二版）	孔德民	38.00 元	978-7-80165-999-6	2014 年 3 月第 2 版
9. 现代关税实务（第二版）	李　齐	35.00 元	978-7-80165-862-3	2012 年 1 月第 2 版
10. 国际贸易单证实务（第二版）	丁行政	45.00 元	978-7-80165-855-5	2012 年 1 月第 2 版
11. 报关实务（第三版）	杨鹏强	45.00 元	978-7-80165-825-8	2011 年 9 月第 3 版
12. 海关概论（第二版）	王意家	36.00 元	978-7-80165-805-0	2011 年 4 月第 2 版

书名	作者	定价	书号	出版时间

“精讲型”国际贸易核心课程教材

书名	作者	定价	书号	出版时间
1. 国际贸易实务精讲(第七版)	田运银	49.50 元	978-7-5175-0260-9	2018 年 4 月第 7 版
2. 国际货运代理实务精讲(第二版)	杨占林　汤　兴　官敏发	48.00 元	978-7-5175-0147-3	2016 年 8 月第 2 版
3. 海关法教程(第三版)	刘达芳	45.00 元	978-7-5175-0113-8	2016 年 4 月第 3 版
4. 国际电子商务实务精讲(第二版)	冯晓宁	45.00 元	978-7-5175-0092-6	2016 年 3 月第 2 版
5. 国际贸易单证精讲(第四版)	田运银	45.00 元	978-7-5175-0058-2	2015 年 6 月第 4 版
6. 国际贸易操作实训精讲(第二版)	田运银　胡少甫　史　理　朱东红	48.00 元	978-7-5175-0052-0	2015 年 2 月第 2 版
7. 进出口商品归类实务精讲	倪淑如　倪　波　田运银	48.00 元	978-7-5175-0016-2	2014 年 7 月第 1 版
8. 外贸单证实训精讲	龚玉和　齐朝阳	42.00 元	978-7-80165-937-8	2013 年 4 月第 1 版
9. 外贸英语函电实务精讲	傅龙海	42.00 元	978-7-80165-935-4	2013 年 2 月第 1 版
10. 国际结算实务精讲	庄乐梅　李　菁	49.80 元	978-7-80165-929-3	2013 年 1 月第 1 版
11. 报关实务精讲	孔德民	48.00 元	978-7-80165-886-9	2012 年 6 月第 1 版
12. 国际商务谈判实务精讲	王　慧　唐力忻	26.00 元	978-7-80165-826-5	2011 年 9 月第 1 版
13. 国际会展实务精讲	王重和	38.00 元	978-7-80165-807-4	2011 年 5 月第 1 版
14. 国际贸易实务疑难解答	田运银	20.00 元	978-7-80165-718-3	2010 年 9 月第 1 版

“实用型”国际贸易课程教材

书名	作者	定价	书号	出版时间
1. 外贸跟单实务(第二版)	罗　艳	48.00 元	978-7-5175-0338-5	2019 年 1 月第 2 版
2. 海关报关实务	倪淑如　倪　波	48.00 元	978-7-5175-0150-3	2016 年 9 月第 1 版
3. 国际金融实务	李　齐　唐晓林	48.00 元	978-7-5175-0134-3	2016 年 6 月第 1 版
4. 国际贸易实务	丁行政　罗艳	48.00 元	978-7-80165-962-0	2013 年 8 月第 1 版

中小企业财会实务操作系列丛书

书名	作者	定价	书号	出版时间
1. 做顶尖成本会计应知应会 150 问(第二版)	张　胜	48.00 元	978-7-5175-0275-3	2018 年 6 月第 2 版
2. 小企业会计疑难解惑 300 例	刘华　刘方周	39.80 元	978-7-80165-845-6	2012 年 1 月第 1 版
3. 会计实务操作一本通	吴虹雁	35.00 元	978-7-80165-751-0	2010 年 8 月第 1 版

乐贸
LEMO
LOVE · EASY · MONEY · OPEN

乐贸 LEMO
HOW TO BUILD A BRAND
黄仁华 著
小资本做
大品牌
外贸企业品牌运营
以运营国际化品牌为目标，
倒推品牌名称、LOGO 设计、专利布局之法
品牌推广、营销秘诀，
高效的团队搭建秘诀
小企业做大品牌，
没那么难！
中国海关出版社有限公司

2019 年中国海关出版社有限公司乐贸系列

新书重磅推荐 >>

《外贸高手客户成交技巧 3：差异生存法则》

作者：毅冰

定价：69 元

书号：978-7-5175-0378-1

出版日期：2019 年 10 月第 1 版

内容简介

外贸环境恶化？外贸红利期结束？外贸业务难做？毅冰携《外贸高手客户成交技巧 3：差异生存法则》归来，击破思维误区，告诉大家如何拥抱后外贸时代。

1. 专业：放弃嘴上功夫，在细节与行动中立体塑造专业化人设，专业的气度与自信是敲开客户大门的第一件武器。

2. 效率：在激烈的竞争局势中，产品、价格的差异变得不明显，抢占先机就无比重要，兵贵神速。

3. 差异化：通过 Mail Group 法、进阶版阶梯报价法、独特化服务，与同行拉开距离，脱颖而出。